前言

亲爱的小读者们，你发现学习中的乐趣了吗？如果还没有发现，不妨打开这本书看看吧！也许它会给你带来惊喜！

在课堂上，晦涩难懂的语文知识，望而生畏的数学题目，枯燥乏味的历史文化，高深莫测的科学技术……可能会让你感觉毫无快乐可言。其实，当发现各个学科的魅力后，你会觉得这些知识是有灵动鲜活的一面，就能感受到学习是一件很有趣的事情。

为激发小读者们的学习兴趣，我们编写了这套《学习可以很有趣》。本套书摒弃严肃的说教风格，采用趣味十足的小故事，对语文、数学、历史、科学四个学科的典型知识进行了通俗易懂的讲解，从不同角度呈现出这些学科生动、有趣的一面。本套书内容丰富、语言诙谐、版式新颖、插图活泼，可为小读者营造轻松愉快的学习氛围，让小读者尽情地遨游在知识的海洋里，增长知识、开阔视野、启迪智慧。

小读者们，赶快翻开这本书吧。相信这本书会是你开启快乐学习之门的金钥匙，成为你学习的好伙伴！

目录 MULU

学习可以很有趣

哎！历史真好看

曲长军◎主编

三辰影库音像电子出版社

北 京

图书在版编目（CIP）数据

学习可以很有趣. 哇！历史真好看 / 曲长军主编
. — 北京 ： 三辰影库音像电子出版社，2022.8
ISBN 978-7-83000-579-5

Ⅰ. ①学… Ⅱ. ①曲… Ⅲ. ①历史课－小学－教学参
考资料 Ⅳ. ①G624

中国版本图书馆 CIP 数据核字 (2022) 第 075531 号

学习可以很有趣. 哇！历史真好看

责任编辑：蔡梦浩
责任校对：韩丽红
排版制作：文贤阁
出版发行：三辰影库音像电子出版社
社址邮编：北京市朝阳区东四环中路 78 号 11A03，100124
联系电话：（010）59624758
印　　刷：北京云浩印刷有限责任公司
开　　本：880mm×1230mm　1/32
字　　数：256 千字
印　　张：10
版　　次：2022 年 8 月第 1 版
印　　次：2022 年 8 月第 1 次印刷
定　　价：68.00 元（全 4 册）
书　　号：ISBN 978-7-83000-579-5

第一章

青史留名的帝王

郑庄公掘地见母——不及黄泉，无相见

人物档案

名　称：郑庄公，姬姓，郑氏，名寤生
官　职：郑国国君
成　就：重农兴商，积极发展商品经济，增强了国家的经济
　　　　实力；攘外安内，使郑国出现了比较稳定的局面

寤生为什么不受母亲的喜欢？

郑国的国君郑武公有两个儿子，大的叫寤（wù）生，小的叫段。他们的母亲武姜喜欢段，讨厌寤生，据说是因为生寤生时难产，差点儿丢了性命。

武姜偏心小儿子，一心想让他继承王位，因此常常在郑武公面前夸奖小儿子，想让郑武公立他为世子，郑武公却以"长幼有序"的理由拒绝了，只把共（gōng）城封给了段，人们就称他为"共叔段"。

寤生即位后，他的母亲提出了什么样的要求？

郑武公去世后，寤生继承了王位，即郑庄公。武姜见小儿子无权，就让郑庄公把制邑（yì）封给段。郑庄公知道制邑是重要的军事重地，就拒绝了母亲，说父亲曾有遗命，制邑不许分封。武姜很生气，但又不死心，又提出把京邑分给段。郑庄公不忍心再拒绝母亲，只好同意了。

郑庄公为什么不愿意讨伐共叔段？

大夫祭足知道此事后，对郑庄公说："京邑地广民众，如果共叔段仗着太夫人的宠爱，在那里扩大势力，等于将国家一分为二，恐怕对国家不利。"但郑庄公已经答应了母亲，就没再更改。

共叔段到京邑后，果然仗着母亲的支持，用了二十年时间，在京邑招兵买马，囤积粮草，修筑城墙。

大臣们忍不住再次劝郑庄公："一个国家不能有两个政权中心，共叔段心怀不轨，还是早点儿除掉他为好。"郑庄公却说："他并没有做得太过分，如果出兵讨伐他，不但母亲不会同意，百姓也会议论。"

郑庄公为什么发下誓言不再见母亲？

有一个大臣献计，让郑庄公假传去觐（jìn）见周王的消息，如果共叔段有反心，一定会趁这个机会谋反的。郑庄公采纳了这一建议，第二天就宣布了这

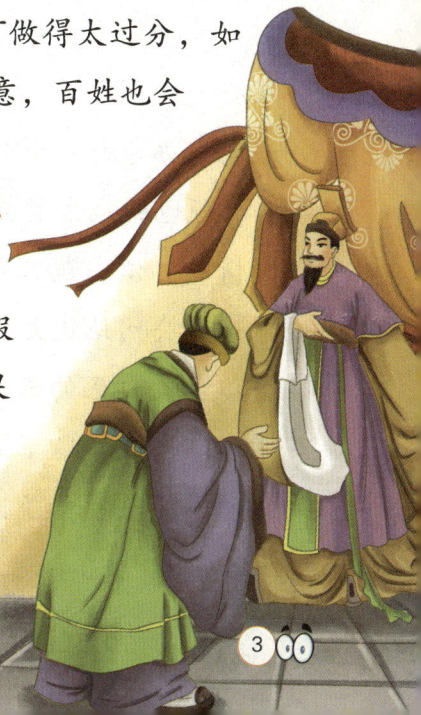

个消息。武姜立即写密信给共叔段，让他起兵。郑庄公派人截获了密信，改了信上的日期，随后派人送给了共叔段。

共叔段收到信后，迫不及待地带兵出发。郑庄公的军队从天而降，攻进京邑，断了共叔段的后路。共叔段措手不及，只好逃到鄢（yān）邑，却被郑庄公的军队穷追猛打，打得落花流水，他见大势已去，连忙逃离郑国，到共国（今河南辉县）避之，最终客死他国。

郑庄公对母亲的作为感到非常气愤，就把武姜送到了颍（yǐng）地，还发下毒誓，从此与母亲"不及黄泉，无相见也！"意思是，到死也不会见她。

谁帮助郑庄公见到了母亲？

时间久了，郑庄公想念母亲，开始后悔了。可郑庄公是一国之君，不能随意违背自己的誓言，他不知道怎么办才好，十分难过。

颍地的地方官颍考叔，是一个大孝子，他见到这种情况，便去觐见郑庄公，并故意带了几只猫头鹰，等郑庄公问他这是什么鸟时，他就说这是一种长大后会把养大自己的母亲吃掉的鸮（xiāo）鸟，暗指郑庄公不孝。郑庄公留下他吃饭的时候，他又故意把郑庄公给的羊腿藏在袖子里，等郑庄公询问原因时，又说："我在这里吃羊腿，家中老母却因为家贫从未吃过这些，一想到这儿，我就咽不下去，所以我想给她带一些回去，以表示我的一片孝心。"

郑庄公不由得想起了自己的母亲，十分感慨，就把和母亲关系破裂的事情告诉了颍考叔。

为了不打破誓言，又能尽孝，颍考叔给郑庄公想了个办法，说："我们挖条地道，一直通到黄泉，在地下修一间屋子，先请老夫人在里面居住，你再去那里，不就可以和老夫人'黄泉相见'了吗？"

郑庄公大为兴奋，于是委托颍考叔办理此事。挖好地道后，母子俩在地下相见，抱头痛哭，从此言归于好。颍考叔则因为指点郑庄公认母有功，又很有谋略，后来被郑庄公封为大夫，成了郑国一位出色的将军。

你不知道的历史知识

黄泉又叫九泉或九泉之下。"九"在数字里面是最大的，所以古人就用"九"来表示极限，九为数之极，九泉就是极深的黄泉。古代没有自来水，一般是打井水喝。泉井打到足够深的时候，水就会变成黄色，这就是黄泉的由来。那时候没有火葬，死后都是埋在地底下，人们就猜测，人死后也是生活在地底世界的，就把死后住的地方叫"黄泉"了。

勾践卧薪尝胆 —— 君子复仇，十年不晚

人物档案

名　称：勾践，姒姓，又名鸠浅、菼执

官　职：春秋末年越国国君

成　就：灭亡吴国；徐州会盟，成为春秋最后一代霸主

越王勾践攻打吴国的结果是什么？

越王勾践是大禹后裔（yì），当年大禹在会（kuài）稽（jī）去世，勾践先祖被封于此地，负责守护大禹陵墓，世代相传。公元前494年，越王勾践发兵攻打吴国。

吴国倾尽全国精锐抵挡，大败越军。勾践带着五千将士退守会稽，被吴军团团围住，眼看就要亡国了，勾践只好派人向吴王求和，却因吴王属下伍子胥（xū）的反对，无功而返。

战败后，勾践和他的大臣做了什么？

求和被拒绝后，勾践有些沮丧，其谋臣文种说："吴国太宰伯嚭（pǐ）贪财好色，对君主很会投其所好，吴王夫差现在很喜欢他。他又一心想打压伍子胥自己往上爬，与伍子胥不和。我们可以从他那里想办法，实在不行，只好舍身为奴，再做打算了。"

勾践从宫里挑选了八名美女，再加上许多美玉黄金，连夜送到伯嚭的军营内。伯嚭见到这么多财宝，眉开眼笑，就带上文种去见吴王。文种见到吴王，跪倒在地，向吴王磕头，并说："亡命之臣勾践恳请成为大王的臣子，勾践之妻恳请成为大王的仆人。越国积累下来的财宝，也将全部贡献给大王。只求大王保留他们的宗庙。"

伍子胥听说后，赶到夫差面前，大声说："勾践君臣都是胸怀大志的能人，如果放他们回去，就是放虎归山。等他们恢复过来，找吴国报仇，后悔就来不及了！"

伯嚭却说："勾践愿意带上妻子来吴国做大王的臣仆，他的生死都在大王手里，实际上大王已经得到了越国。如果不同意求和，越国销毁宝器，用仅剩下的五千士兵和我们拼个死活，反而得不到什么好处。"

文种流着眼泪苦苦哀求，吴王夫差一时不忍，又贪图越国的财富，

还是答应了求和。

勾践和妻子做了吴国的人质后，受到了什么样的待遇？

勾践把国家大事托付给了文种，自己带着妻子和大臣范蠡（lǐ）到吴国做了人质。

他们到了吴国都城后，吴王夫差有意羞辱他们，命人在阖（hé）闾（lǘ）的坟旁边造了一间石屋，让他们住在里面。勾践夫妇自称贱臣，睡马房，吃粗粮，每天蓬头垢面地锄草、喂马、挑水、清理马粪。范蠡跟在他们身边，为他们拾柴做饭。勾践对夫差非常恭敬，夫差每次坐车出去，勾践就低着头，尽心尽力地为他拉马。

夫差暗中派人监视他们，过了很久，他们都没有表现出一点怨恨，连一句怨言都没有。夫差渐渐放松了警惕，甚至开始同情起他们来。

一次，夫差生病了，勾践赶去问候，还掀开马桶仔细观察夫差刚拉的大便，诊断病情。夫差被感动了，认为他们已经真心臣服，又认为越国不过是个没什么威胁的小国，三年后，就放他们回了越国。

勾践回到越国后做了哪些事情？

勾践回国后，他担心安逸的生活会消磨自己的斗志。于是，睡觉时不铺褥子而是铺上柴草，还在房间

里挂上一只苦胆，每次吃饭前都会尝一下，提醒自己不要忘记在吴国受的苦。（这就是成语"卧薪尝胆"的由来）

勾践一面按时给夫差进贡，表达越国的臣服之意；另一面不断地暗中派人给伯嚭送礼，让他在夫差面前为自己说好话，同时积极地治理国家。

他亲自带着妻子和孩子下地耕种，只吃自己种出的粮食，穿自己织出来的布，过着清苦的生活。当时，越国遭遇战乱，人口大减，勾践让范蠡负责练兵，文种管理国家政事，奖励耕种、养蚕、织布，尤其鼓励生育，增添人丁。规定男孩二十岁，女孩十七岁之前必须结婚，否则父母就要受罚。还规定女孩临产前要报官，国家派医官检查照顾，避免流产。凡是生男孩的，奖励两壶酒，一只狗；凡是生女孩的，奖励两壶酒，一头猪。

勾践夫妻与百姓同甘共苦，激发全国的老百姓努力耕作，越国终于从一片残破的景象中悄然复苏。

公元前482年，越王勾践抓住机会，乘黄池之会率兵而起，大败吴师；又在公元前478年再度攻吴，大败吴军主力；最终于公元前473年破吴都，迫使吴王夫差自尽而亡。

你不知道的历史知识

陶朱公就是范蠡，他辅助勾践复国后，自称鸱夷子皮，去了齐国。他在海滨围海煮盐，捕鱼养殖，不出数年就积累了数十万家产。齐人发现了他的才能，请他出任齐相。三年后，他对家人说，治家能置千金之巨，做官能做到卿相之位，已经到极限了，长期享受这样的荣华富贵不吉利。于是，他归还相印，散尽家财，悄然离开了海滨，又到了陶地重新经商，再次有了千万资产，成为远近闻名的陶朱公。

楚汉之争落帷幕——无颜面见江东父老

人物档案

名　称：项羽，名籍，字羽
官　职：西楚霸王
成　就：巨鹿之战消灭秦军主力；推翻秦朝；建立西楚政权

项羽被围困在垓下后为什么没有杀出重围？

公元前202年，项羽被汉军围困在垓（gāi）下，韩信在垓下的周围布置了多处埋伏。项羽的人马少，粮食也快吃光了。他想带领人马冲杀出去，但是汉军和各路诸侯的人马里三层外三层，项羽打退一批，又来一批；杀出一层，还有一层，项羽无法突围出去，只好回到垓下大营，吩咐将士小心防守。

项羽为什么会流下眼泪？

一天夜里，一阵阵西风呼呼吹过，四面都传来了楚地的歌声。正坐在营帐中愁眉不展的项羽不禁失神地说："怎么会有这么多人唱楚歌呢，难道刘邦已经占领楚地了吗？"

他看着身边心爱的妃子虞姬，还有那匹跟了自己五年的乌骓（zhuī）马，唱起了一首悲凉的歌：

力拔山兮气盖世，时不利兮骓不逝。骓不逝兮可奈何，虞兮虞兮奈若何？

唱着唱着，项羽忍不住流下了眼泪。虞姬和左右的侍从也跟着一块唱起来，不忍心抬头看他。项羽决定趁夜突围，他告别虞姬，带着八百子弟兵，趁着夜色，像猛虎一样，向西南方突围。

项羽带兵突围的战况如何？

天快亮时，汉军发现项羽逃走了，派出五千骑兵追击。项羽边战边退，渡过淮河后，又因迷路而陷入沼泽，被汉军追上，这时，他身边只剩下二十八名骑兵。他率领二十八名骑兵冲向汉军，杀了百余人，自己这边只损失了两人。

项羽的结局是什么样的？

项羽带着手下一路突围，退到了乌江边上。

乌江亭长驾着一只小船正等在江边，使劲对项羽招手："大王快上船，回到江东，大王一样可以称王，等机会东山再起。"

项羽苦笑道："当年我带着八千子弟兵过江打天下，现在却只剩二十多人，我还有什么脸面回去面对江东父老，让他们尊我为王呢？"说完，他回身又跟追来的汉军拼杀了起来，汉兵一个个倒下，项羽也身负重伤。最终，项羽在乌江边自刎（wěn）。这一年，他三十岁。

你不知道的 历史知识

项羽为何不渡乌江呢？两千多年来，人们有种种说法。有一种观点认为，项羽不过乌江是因为虞姬已死。还有一种观点认为，项羽因"虞姬死而子弟散"心生羞愧，因而不肯过江，拔剑自刎。这样说很有道理，单纯说项羽不肯过乌江是因为虞姬之死就显得论据不足。而这与《史记》上说的"项王笑曰：'天之亡我，我何渡为！且籍与江东子弟八千人渡江而西，今无一人还，纵江东父兄怜而王我，我何面目见之？纵彼不言，籍独不愧于心乎？'"这段话一致。"子弟散"，一方面符合他说的"天之亡我"；另一方面也是"无颜见江东父老"。项羽即便过江也改变不了大势了。因而，他选择了不渡乌江。

女皇武则天——逆袭的才人，女人也能当皇帝

人物档案

名　　称：武则天，本名珝，后改名曌（zhào）
官　　职：武周皇帝
成　　就：建立武周，成为中国历史上唯一的正统女皇帝；开创殿试、武举；奖励农桑；改革吏治

武则天的性格是什么样的呢？

武则天本来是唐太宗宫里的一个才人（嫔妃的称号），十四岁那年就服侍唐太宗。当时唐太宗的御厩里，有匹名马叫"狮子骢（cōng）"，长得肥壮可爱，但是性格暴躁，不好驾驭。

有一次，唐太宗带着嫔妃们去看那匹马，跟大家开玩笑说："你们当中有谁能制服它？"妃子们不敢接嘴，十四岁的武则天勇敢地站了出来，说："陛下，我能！"唐太宗惊奇地看着她，问她有什么办法。

武则天说："只要给我三件东西，第一件是铁鞭，第二件是铁锤，第三件是匕首。它要是调皮，就用鞭子抽它；还不服，就用铁锤敲它的头；如果再捣蛋，就用匕首砍断它的脖子。"唐太宗听了哈哈大笑，他虽然觉得武则天说得有点儿孩子气，但是也很赞赏她的泼辣性格。

武则天是如何从尼姑变成皇后的？

唐太宗死后，按照当时宫廷的规矩，武则天要被送进尼姑庵，她当然是很不情愿的。唐高宗在当太子的时候，就看中了武则天。即位两年后，他把武则天从尼姑庵里接出来，封她为昭仪（嫔妃的称号）。

唐高宗想立武则天为皇后，但是，这件事遭到了很多老臣的反对，特别是唐高宗的舅父长孙无忌，说什么也不同意立后。

武则天私下拉拢了一批大臣，在唐高宗面前支持自己当皇后。有人对唐高宗说："这是陛下的家事，别人管不着。"唐高宗这才下了决心，把原来的皇后废了，让武则天当了皇后。

武则天当上皇后后，都做了哪些事？

武则天当了皇后以后，就使出她那果断泼辣的手段，把那些反对她的老臣一个个降职、流放，连长孙无忌也被逼自杀。

没过多久，本来已经十分无能的唐高宗得了一场病，整天头昏眼花，有时候连眼睛都睁不开。唐高宗看武则天能干，又懂得文墨，索性把朝政大事全交给她掌管。

武则天掌了权，渐渐不把唐高宗放在眼里。唐高宗想干什么，没有经过武则天同意，就干不了。

武则天是怎样当上女皇帝的？

公元683年，唐高宗驾崩。武则天先后把两个儿子——中宗李显和睿（ruì）宗李旦立为皇帝，但都不中她的意。她把中宗废了，把睿宗软禁起来，自己以太后的名义临朝执政。此后，她大封武氏宗族，培植武姓势力，为自己登上皇位暗造阶梯。

公元690年9月，武则天称帝，将国号改为周，自己加尊号"圣神皇帝"。就这样，她成了中国历史上唯一一位登上皇帝宝座的女性。武则天死后，并没有将自己的功绩写在墓碑上，而是建造了一个无字碑。

你不知道的 历史知识

武则天是个很有开创精神的人，她成为皇帝后希望通过一些文字把这份独一无二的功绩记录下来，就造了二十个字。可惜这二十个古字大都失传了，流传下来的只有"曌（zhào）"，暗含她的法号"明空"，也喻意她犹如日月当空，普照神州大地，为百姓带来了光明与温暖。

生前高调的女皇帝，却下令在自己墓前树立一个无字的碑，和别的帝王树碑歌颂自己完全不同，这同样是历代帝王中唯一的一个。她执政近半个世纪之久，既有政绩也有弊端，一座无字碑，千秋功过，任人评说。

靖难之变——叔叔和侄子打起来了

朱允炆为什么会心事重重？

明太祖朱元璋六十多岁的时候，太子朱标死了，朱标的儿子朱允炆（wén）被立为皇太孙。各地的藩王大多是朱允炆的叔父，眼看皇位的继承权要落到侄儿的手里，心里不服气。特别是明太祖的第四个儿子——燕王朱棣，他多次立下战功，对朱允炆更是瞧不起了。

朱允炆的东宫里，有个官员叫黄子澄，是朱允炆的伴读老师。有一次，黄子澄见朱允炆一个人坐在东宫门口，心事重重，便问朱允炆为什么发愁。朱允炆说："现在几个叔父手里都有兵权，将来如何管得了他们？"

黄子澄跟朱允炆讲了一个西汉平定七国之乱的故事来安慰他。朱允炆听后，总算放心了一点儿。

公元1398年，明太祖死了，皇太孙朱允炆继承皇位，这就是明惠帝，历史上又叫建文帝。

朱允炆即位后，面对藩王谋反的谣言，采取了什么措施？

朱允炆即位后，京城里有传言说几位藩王正在互相串通，准备谋反。建文帝听了这个消息害怕起来，忙让黄子澄想办法。

黄子澄找建文帝的另一个亲信大臣齐泰一起商量。齐泰认为诸王之中，燕王兵力最强，野心也最大，应该首先把燕王的权力削除。黄子澄不赞成这个做法，他认为燕王已有准备，先从他下手，容易引发叛乱。于是，两人商量好先向燕王周围的藩王下手，建文帝便依计而行。

燕王是如何发动叛乱的？

燕王早就暗中练兵，准备谋反。为了麻痹建文帝，他假装得了精神病，整天胡言乱语。齐泰、黄子澄不相信燕王有病，他们一面派人到北平（今北京）把燕王的家属抓起来，另一面又秘密命令北平都指挥使张信去抓捕燕王，还联络燕王府的一些官员做内应。不料张信是站在燕王这边的，反而向燕王告了密。

燕王是个精明人，知道建文帝毕竟是法定的皇帝，公开反叛对自己不利，就以帮助建文帝除掉奸臣黄子澄、齐泰为借口，起兵反叛。历史上把这场内战叫作"靖难之变"（靖难是平定内乱的意思）。

"靖难之变"的结局是什么样的？

这场战乱差不多持续了四年。到了公元1402年，燕军在淮北遇到朝廷派出的南军的抵抗，战斗进行得十分激烈。有些燕军将领主张暂时撤兵，燕王却坚持打到底。不久，燕军截断南军运粮的通道，并发动突然袭击，南军一下子垮了。燕军势如破竹，一路杀到应天（今南京）城下。

过了几天，守卫京城的大将李景隆打开城门投降，燕王带兵进城，只见皇宫内火光冲天。燕王派兵把大火扑灭

时，已经烧死了不少人。他查问建文帝的下落，有人报告说，燕兵进城之前，建文帝下令放火烧宫，建文帝和皇后都自焚了。

随后，燕王朱棣即位，这就是明成祖，公元1421年，明成祖把北平改名为北京并迁都于此。从那时起，北京就一直是明朝的政治中心。

你不知道的 历史知识

七国之乱发生在中国西汉景帝时期，汉景帝即位后，御史大夫晁错提议削弱诸侯王势力、加强中央集权，景帝先后下诏削夺楚、赵等诸侯国的封地，后来，吴王刘濞联合楚王刘戊、赵王刘遂、济南王刘辟光、淄川王刘贤、胶西王刘卬、胶东王刘雄渠等刘姓宗室诸侯王，以"清君侧"为名发动叛乱，史称七国之乱。

康熙擒鳌拜——决定命运的交锋

名　称： 爱新觉罗·玄烨，年号康熙，被后世称为康熙帝

官　职： 清朝第四位皇帝

成　就： 擒鳌拜；平三藩；三征噶尔丹；驱逐沙俄；奠定康乾盛世的根基

鳌拜是如何成为康熙皇帝的心腹大患的？

顺治皇帝二十四岁时病逝，八岁的玄烨登基，称为康熙皇帝，由索尼、苏克萨哈、遏必隆、鳌（áo）拜辅政。

四个辅政大臣中，鳌拜立过战功，又掌管兵权，是最强势的一个。康熙皇帝十四岁亲政时，苏克萨哈和鳌拜发生了争执。鳌拜便诬告苏克萨哈犯了大罪，奏请康熙皇帝处死苏克萨哈。康熙皇帝不准，鳌拜便在朝堂上揎起袖子，露出拳头，跟康熙皇帝争了起来。康熙皇帝想到鳌拜势力太大，只好忍耐，让他把苏克萨哈杀了。从此，康熙皇帝便把鳌拜当作心腹大患。

康熙皇帝为什么整天看少年摔跤取乐？

康熙皇帝表面上对鳌拜一切如旧，暗中召心腹侍卫索额图进宫密谋，商量出了对付鳌拜的办法。他以找人陪他玩耍为名，挑选了一批身体强壮的少年进宫，整天看他们摔跤取乐，高兴了还和他们一起玩。鳌拜只当他少年心性贪玩，暗自高兴。

康熙皇帝是怎么擒住鳌拜的？

康熙八年（公元1669年）五月，康熙皇帝宣鳌拜进宫。鳌拜进门的时候，索额图让他交出武器，鳌拜看到殿内只有几个毛孩子，不以为意地交出了随身佩剑。

鳌拜进殿坐下后，一个布库少年乔装成太监给鳌拜送茶。茶很烫，鳌拜下意识地往椅子后靠

去——那把椅子早就做过手脚，右下角的椅子腿是锯断后简单粘合上的，经不起外力的碰撞。椅子后面早已站了另一个布库少年，趁此机会用力一推椅子，鳌拜整个人连同滚烫的茶杯都跌落在地。此时，事先埋伏在武英殿内的布库少年们一拥而上，把鳌拜绑了起来。

康熙皇帝是如何处治鳌拜的呢？

把鳌拜关进大牢后，康熙皇帝马上让大臣调查鳌拜的罪行。大臣们认为，鳌拜独断专横，滥杀无辜，罪行累累，应该处死。康熙皇帝从宽发落，革了鳌拜的官爵。

康熙皇帝除掉了鳌拜，朝廷里一些骄横的大臣知道了这个年轻皇帝的厉害，就不敢在他面前放肆了。

你不知道的 历史知识

孝庄文皇后，博尔济吉特氏，名布木布泰，十三岁时嫁给清朝皇帝皇太极，是顺治皇帝的生母、康熙皇帝的祖母。

皇太极暴卒，局势混乱，她说服关键人物多尔衮，扶持幼子福临登基。后又全力教导、辅佐少帝玄烨。清初三朝，正是由乱到治的关键历史时期，她调和清宫内部矛盾和斗争，稳定清初社会秩序，一生为开创清朝鼎盛之局面，费尽心思，实属中国历史上少见的女政治家，是清朝当之无愧的国母。

1 在下面的横线上填上合适的历史人物。

（1）郑庄公在＿＿＿＿＿＿的帮助下，见到了母亲。

（2）越王勾践在＿＿＿＿＿＿和＿＿＿＿＿＿的辅佐下，很快使越国复苏了。

（3）＿＿＿＿＿＿布下十面埋伏，将项羽围困在垓下。

（4）武则天曾立自己的两个儿子＿＿＿＿＿＿和＿＿＿＿＿＿为皇帝，但两人都不中她的意。

（5）朱允炆当皇帝后，他的几个叔父都非常不服气，尤其是明太祖的第四个儿子＿＿＿＿＿＿。

2 选择合适的答案，将序号填在横线上。

（1）郑庄公继位后，将＿＿＿＿＿＿分给了弟弟共叔段。

A.制邑　　B.京邑　　C.颍地　　D.会稽

（2）越王勾践求和成功后，带着妻子和＿＿＿＿＿＿到吴国做了人质。

A.文种　　B.范蠡　　C.伍子胥　　D.伯嚭

（3）武则天用来制服名马"狮子骢"的三样东西

中没有_____。

A.铁斧　　B.铁鞭　　　C.铁锤　　　D.匕首

（4）康熙当了皇帝后，四大辅臣中_____是最强势的。

A.索尼　　B.苏克萨哈　　C.遏必隆　　D.鳌拜

3　下面的说法正确的画"√"，错误的画"×"。

（1）越国战败后，勾践听从文种的计策，贿赂吴国太宰伯嚭，才使吴王夫差答应了求和。

（2）项羽在乌江边被围困后，看着虞姬和乌骓马，唱了一首悲凉的歌。

（3）建文帝朱允炆听从老师黄子澄和亲信大臣齐泰的建议，决定先削除燕王的权力。

第二章

忠君爱国的文臣

姜子牙直钩钓鱼——无人可及的钓者

名　称：姜子牙，又名姜尚，字子牙，号飞熊
官　职：太师（武官名），武王伐纣的最高军事统帅
成　就：辅佐周武王灭商建周

姜子牙是怎样钓鱼的呢？

一天，有个打柴的人来到溪边，见一个须发全白的老人家用没有鱼饵的直钩在水面上钓鱼，便对他说："老人家，像你这样钓鱼，再钓一百年也钓不到一条鱼的！"他却自言自语地说："愿者上钩，愿者上钩……"

姬昌是如何请到姜太公的呢？

西伯侯姬（jī）昌是商纣王手下的诸侯，被商纣王囚禁了七年，回到自己的属地西岐（qí）后，他觉得商纣王已经失去民心，于是决心讨伐商纣王。为了这件大事，他到处寻找能够辅佐他的奇才。

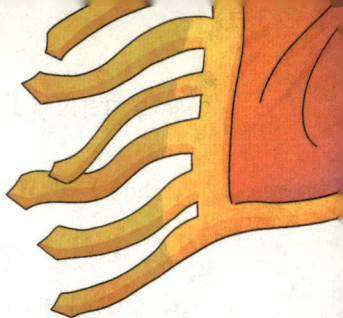

姜太公奇特的钓鱼方法传到了姬昌那里。姬昌知道后，派一名士兵去叫他来。但姜太公并不理睬这个士兵，只顾自己钓鱼，并自言自语道："钓哇，钓哇，鱼儿不上钩，虾儿来胡闹！"姬昌听了士兵的禀（bǐng）报后，改派一名官员去请姜太公来。可是姜太公依然不搭理，边钓边说："钓哇，钓哇，大鱼不上钩，小鱼别胡闹！"

姬昌这才意识到，这个钓者必是国之栋（dòng）梁，要亲自去请他才对。于是他吃了三天素，洗了澡，换了衣服，带着厚礼，前往磻（pán）溪去请姜太公。姜太公见他诚心诚意来请自己，便答应为他效力。

有了姜太公的辅佐，姬昌和周武王做了哪些事？

在姜太公的辅佐下，姬昌加紧训练军队，巩固自己的后方，没过几年，国力就强盛起来了。然而姬昌还未起兵伐商，便不幸生病去世了，他的二儿子姬发继承了王位，就是周武王。周武王即位后，在姜尚、周公旦、召（shào）公等大臣的辅佐下，继续推行姬昌的政策，打算实现父亲伐商的心愿。

周武王实现父亲的愿望了吗？

经过几年的准备，公元前1046年，姬发联合各诸侯国的军队在孟津会合，举兵伐纣，很快打到了离朝

（zhāo）歌只有七十多里的牧野。

商纣王匆忙领兵应战，可哪里打得过姬发的精兵。商纣王见大势已去，便逃回了朝歌，穿上镶满珠宝的宝衣，登上高高的鹿台，叫人点上一把大火，投火自尽了。商朝五百多年的基业，也随之化成灰烬。

周武王灭商后，建立了周朝，定都镐（hào）京，史称"西周"。周武王生活勤俭，穿普通百姓的粗布衣服，还到田间劳动，兢（jīng）兢业业治理周国，在他的治理下，国力日渐强大。

周武王是怎么死的呢？死时多少岁呢？

周武王伐纣成功后，勤于政事，成为史上一代明

君，流芳千古，被后人称赞。

然而他整日忙于政事，整治国家建设，日夜思虑，没有好的睡眠，最终患疾而终。史料上对此记载说法不一，有的记载显示周武王死时四十五岁，也有五十四岁、六十岁，甚至九十三岁等多种说法。

你不知道的 历史知识

历史上的商纣王是有名的暴君，他的残暴罄（qìng）竹难书。他喜爱妲己，只要是妲己作曲，哪怕是颓废淫荡的靡靡乐歌他都喜欢。于是让人在王宫里挖了一个大池子，里面装满美酒，叫作"酒池"；又叫人在宫里种上一片树，把肉干挂在上面，叫作"肉林"。他和宫女们在酒池肉林里追逐嬉戏，渴了就喝酒池里的酒，饿了就摘肉林上面的肉吃。这就是历史上所述的"酒池肉林"。

文天祥与《过零丁洋》——生当作人杰，死亦为鬼雄

人物档案

名　称：文天祥，初名云孙，字宋瑞

官　职：丞相，信国公

成　就：在江西、广东举兵抗元

面对元军的进犯，文天祥是怎么做的？

文天祥是我国历史上有名的民族英雄，公元1256年到临安参加进士考试，他在试卷里写了自己的救国主张，被宋理宗钦（qīn）点为状元。

公元1274年，宋度宗病逝，四岁的赵㬎（xiǎn）即位，即宋恭帝。第二年，元朝大军攻破襄阳，顺江而下，直逼南宋都城临安。朝廷急忙下诏，命各地派兵勤王。文天祥散尽家财，招募了一万余人组成义军，以江西南路提刑安抚使的名义进京。文天祥到临安之后，宋军依然节节败退，元军一直打到了距临安仅三十多里的皋（gāo）亭山。

文天祥到元军大营议和，是什么样的态度？

南宋朝廷惊慌失措，谢太后眼见事情已无可挽回，只得派人去元军大营求和。元军统帅伯颜却指定要南宋丞相亲自去谈判。丞相陈宜中害怕被扣留，不敢到元营去，偷偷逃往了南方。大将张世杰不愿投降，一气之下，带兵出海去了。谢太后只得任命文天祥为右丞相兼枢（shū）密使，派他去和元军谈判。

文天祥到了元军大营，一见伯颜，就质问道："你们到底是真心议和，还是存心想灭掉我朝？"伯颜说："自然是议和。"文天祥说："那就请你们立即退兵，如果你们一定要进军，我们南宋军民定和你们抗争到底。"伯颜威胁道："如果你不肯投降，只怕今天不会饶了你。"文天祥道："为了国家，刀山火海又何妨？"

文天祥逃跑后做了什么呢？

伯颜恼羞成怒，把文天祥囚禁了起来。不久，谢太后另派使者递上降表，带着小皇帝出城投降了。南宋君臣都成了伯颜的俘虏，被押送回北方，文天祥也被押送随行。路过镇江时，文天祥趁元军不注意，乘小船逃走了。逃出来以后，他听说张世杰、陆秀夫在福州拥立了新皇帝宋端宗赵昰（shì），连忙赶去找到宋端宗。宋端宗死后，他们又拥立了南宋小皇帝赵昺（bǐng），继续在南方作战。有了文天祥的领导，江西的抗元行动进行得如火如荼（tú）。

文天祥被俘后归降元军了吗？

公元1278年12月，元军大举进攻潮州，文天祥在五坡岭战败被俘，宋军全军覆没。

元军将领张弘范钦佩文天祥的勇气，对他以礼相待，想劝降他，可是没有成功，就把他押解到了零丁洋。当时，宋将张世杰还在广东崖山与元兵作战，张弘范让文天祥写信劝降张世杰。文天祥淡淡地说："我无力保护自己的父母，难道就可以让人背叛自己的父母吗？"张弘范用武力胁迫他投降，他便提笔写下了那首著名的《过零丁洋》：

辛苦遭逢起一经，

干戈寥（liáo）落四周星。

山河破碎风飘絮（xù），

身世浮沉雨打萍。

惶恐滩头说惶恐，

零丁洋里叹零丁。

人生自古谁无死？

留取丹心照汗青。

元世祖忽必烈听说他的事迹后，一心想劝降他，好收揽南宋人心。但文天祥对忽必烈说："我深受宋恩，怎能侍奉元国君主，但求一死足矣！"元世祖知道文天祥心意已决，便下令处死了他。文天祥临死前向南跪拜，以表忠心，前来围观的百姓深受感动。他死后，他的妻子欧阳氏在收拾他的尸体时发现了他衣服中写有的绝笔《自赞》。

你不知道的 历史知识

文天祥创作的《自赞》中这样写：孔子说杀身成仁，孟子说舍生取义，忠义至尽，仁也就做到了。读圣贤的书，学习的是什么呢？从今以后，算是问心无愧了。

民族英雄于谦 —— 誓死守卫北京城

人物档案

名　称：于谦，字廷益，号节庵

官　职：进士第，御史，兵部右侍郎，官至少保，世称于少保

成　就：组织北京保卫战；改革军制

明英宗为什么会在土木堡被俘？

公元1449年，瓦剌（là）向明朝发起了攻击，一连攻占了塞外许多城池。明英宗听信宦官王振的建议，调集五十万大军，并亲自领着大军出征。由于明英宗盲目自大，又不识兵法谋略，最后在土木堡（pù）被俘。

明英宗被俘的消息传到北京后，满朝文武大臣乱作一团，没有一个人能拿出好办法。翰林侍讲官徐珵（chéng）主张走为上策，向南撤退。此时，朝中你一言，我一语，毫无头绪。

值此国家危亡之际，于谦有什么样的主张？

关键时刻，兵部右侍郎于谦挺身而出，他说："京都是国家的根本，朝廷一旦撤出，大势就完了，大家难道忘了南宋的教训吗？"

于谦的主张得到了许多大臣的赞同，皇太后和朱祁钰（yù）见在这关键时刻，站出一位力挽狂澜的忠臣，当然满心欢喜，立即委以于谦兵部尚书的重任，让他负责指挥军民守城。

这个时候，由于观点不同，朝中已分成主战和主和两派，加上明英宗不能回朝主政，长此下去不是办法。于谦等人为了拯救国家，向皇太后提出请求，立朱祁钰为皇帝。皇太后再三考虑后，表示赞成。公元1449年9月，朱祁钰即位，这就是明代宗，改年号为景泰，尊明英宗为"太上皇"。

于谦为保护北京城都做了哪些部署？

公元1449年10月1日，明代宗即位不久，瓦剌军进逼宣府城下。于谦面对敌我兵力悬殊的态势，一面抓防卫，另一面抓备战，大力征募新兵，调运粮草，赶制兵器，不到一个月，就征集了二十万人马，做好了一切迎敌的准备。

公元1449年10月11日，瓦剌军将领也先挟持着被俘的皇帝朱祁镇攻破紫荆关，兵逼北京城。于谦主张先打掉也先的嚣张气焰，鼓舞士气。他调集了二十二万军队，做好迎战准备，并做了周密布置：都督王通、副都御史杨善率部守城，其余将士分别驻扎在九个城门外，列阵待敌。

面对瓦剌大军的围困，于谦能否保住北京城呢？

明军副总兵高礼首先在彰义门外获胜，歼敌数百，夺回民众千人。狡猾的也先眼看明军有于谦等将领指挥，硬攻不能取胜，便变换手法，以送还朱祁镇为名，准备诱杀于谦等人，但被于谦识破了。

也先见此计不成，便采取强攻。于谦不再正面与敌人拼杀，他派骑兵佯攻，把敌军引入伏击圈内，用埋伏好的火炮轰击，瓦剌军伤亡惨重，也先的弟弟孛罗在炮火中丧生。

瓦剌军围攻北京，屡遭挫败，进攻居庸关时又遭到守将罗通的抵抗。也先怕归路被明军切断，忙带着朱祁镇向良乡后撤。明军乘胜追击，大获全胜，也先带着残兵败将逃回塞外。

北京之战，瓦剌军受到重挫，导致内部不和，也先见留着朱祁镇也没有多大作用，就把他送回了北京。从此，瓦剌军再也不敢进犯了。

你不知道的 历史知识

　　于谦曾经在河南、山西一带做官。那时地方官每次进京办事都要给皇帝和大臣送礼，希望高升，只有于谦从来不送礼。

　　有一年轮到于谦进京了，他把工作安排好后就准备动身。朋友看他两手空空，说："你什么东西都不带，进京不送礼，怎么办得成事呢？你不肯送金银财宝，难道就不能带点土特产去？"于谦甩动他的两只袖子，笑着说："只有清风！"他还写了一首诗表明自己的态度："绢帕蘑菇与线香，本资民用反为殃。清风两袖朝天去，免得闾阎话短长。"意思是，特产本来是给人民享用的，可官吏的搜刮反使人民遭了殃，今天我只带两袖清风给皇上，以免被人说长道短。

海青天海瑞 —— 和权贵掰腕子

名　称： 海瑞，字汝贤，号刚峰

官　职： 历任州判官、户部主事、兵部主事、尚宝丞、两京左右通政、右佥都御史等职务

成　就： 打击豪强；疏浚河道；修筑水利工程；严惩贪官污吏；禁止徇私受贿

百姓为什么称海瑞是"海青天"？

严嵩（sōng）掌权时，不仅他的自家亲戚，就连他手下的同党，也都是依仗权势作威作福之辈。上至朝廷大臣，下至地方官吏，谁敢不让着他们几分？！

可是在浙江淳（chún）安县，有一个小小的县官却能够秉（bǐng）公办事，对严嵩的同党也不讲情面，他的名字叫海瑞。

海瑞是广东琼山人，从小失去父亲，靠母亲抚养长大，生活十分贫苦。他三十多岁中了举人，后来被调到浙江淳安做知县。海瑞到了淳安，认真审理过去留下来的积案，不管什么疑难案件，到了海瑞手里，都被调查得水落石出，从不冤枉一个好人，当地百姓都称他是"海青天"。

海瑞对严嵩的干儿子鄢懋卿是什么样的态度？

一次，京里派御史鄢（yān）懋（mào）卿到浙江视察，鄢懋卿是严嵩的干儿子，敲诈勒索的手段阴险至极。他每到一个地方，地方官吏要是不"孝敬"他一大笔钱，他是决不会放过的。各地官吏听到鄢懋卿要来视察的消息后都一筹莫展。可鄢懋卿却装出一副奉公守法的样子，他通知各地，说他向来喜欢简单朴素，不爱奉迎。

海瑞听说鄢懋卿要到淳安来，就给鄢懋卿送了一封信，信里说："我们接到通知，要我们招待从简。可是据我们得知，您每到一个地方都是花天酒地，大摆筵（yán）席。这就叫我们不好办啦！要是按通知办事，怕怠（dài）慢了您；要是像别的地方一样大肆铺张，又怕违背您的意思。请问该怎么办才好？"

鄢懋卿看到这封揭他老底的信，气得咬牙切齿。但是他早听说海瑞是个铁面无私的硬汉，心里有点儿害怕，就临时改变主意，绕过淳安，到别处去了。

海瑞得罪鄢懋卿的后果如何？

由于这件事，鄢懋卿对海瑞怀恨在心。后来，他在明世宗面前狠狠地告了海瑞一状，海瑞被撤了淳安知县的职务。

严嵩倒台后，鄢懋卿也被充军到外地，海瑞恢复了官职，后来又被调到京城做官。

海瑞为什么要劝谏明世宗？劝谏成功了吗？

那时候，明世宗已经有二十多年没有上朝了，他整天躲在宫里跟一些道士们鬼混，专心设坛祈福。总督和巡抚等一些边关大臣都争相向明世宗进献有祥瑞征兆的物品，礼官也总是上表致贺。朝廷大臣中有人对此十分不满，就劝谏明世宗，结果被治罪，之后谁也不敢再劝谏。

海瑞对此十分不满，他提前将自己的家人托付给一个朋友，之后大胆地写了一道奏章向明世宗劝谏，他对明世宗迷信巫术、生活奢侈、不理朝政等昏庸腐败的现象一一进行了批评。

　　海瑞这道奏章在朝廷引起了一场轰动，更触怒了明世宗。明世宗看了海瑞的奏章后，又气又恨，把奏章扔到地上，立即下令把海瑞抓起来，关进了诏狱。不久，明世宗驾崩，明穆宗继位，赦免了以海瑞为代表的谏臣。海瑞被释放出狱，官复原职，后来又被提拔，得到了重用。

你不知道的 历史知识

　　明世宗非常崇信道教，痴迷神仙老道之术，一心想长生不老。他到处搜罗方士、秘方，许多人因此而一步登天，严嵩因为给其撰写青词而入阁成为宰相，当时民间就有"青词宰相"的说法。严嵩善于揣测皇帝的心思，因此尽管明世宗对严嵩的贪赃枉法了然于心，可就是不舍得处置他。明世宗任由严嵩主持朝政，自己则深居皇宫专心于成仙修道。在他在位的四十五年间，他竟然有二十多年不上朝理事，而严嵩擅权竟达十七年之久。

内阁辅臣张居正 —— 让皇帝由怕生恨的臣子

名　称：张居正，字叔大，号太岳，幼名张白圭
官　职：太师兼太子太师，吏部尚书，中极殿大学士
成　就：整顿吏治；巩固边防；辅佐万历皇帝朱翊钧开创了
　　　　"万历新政"

张居正是怎样教导明神宗的呢？

公元1572年，太子朱翊（yì）钧继承皇位，这就是明神宗。张居正等三个大臣奉明穆宗遗命辅政。

明神宗即位后，张居正成了首辅。他根据明穆宗的嘱托，像老师教学生一样，辅导年仅十岁的明神宗。他自编了一本图文并茂的历史故事书，叫作《帝鉴图说》，每天讲给明神宗听。明神宗把

张居正当作严师看待，既尊敬又惧怕，再加上太后和宦官冯保支持张居正，于是朝中大事几乎全部由他做主了。

面对外族的入侵，张居正采取了什么措施？

沿海的倭（wō）寇已经肃清了，但北方的鞑（dá）靼（dá）还时不时入侵内地，对明王朝构成威胁。张居正把本朝抗倭名将戚继光调到北方去镇守蓟（jì）州（今河北北部），戚继光沿着山海关到居庸关的长城修筑了三千多座堡垒，以防鞑靼的进攻。戚家军号令严明，武器精良，曾多次打败鞑靼的进攻。鞑靼首领俺答见使用武力不行，便表示愿意和好，要求通商。张居正奏明朝廷，封俺答为顺义王。以后的二三十年中，明朝和鞑靼之间都没有发生战争，北方各族人民的生活也安定下来了。

面对朝廷的腐败，张居正又实行了哪些措施？

当时，由于朝政腐败，大地主兼并土地，巧取豪夺，地主豪绅越来越富，国库却越来越空。张居正下令清查土地，结果查出了一批被皇亲国戚、豪强地主隐瞒的土地。这样一来，豪强地主受到了抑制，国家的收入增加了。

丈量土地后，张居正又把当时名目繁多的赋税和劳役合并起来，折合成银两来征收，称为"一条鞭法"。

经过这种税收改革，一些官吏再也不能营私舞弊了。

张居正的改革都产生了哪些影响？

经过十年的努力，张居正的改革措施起到明显的效果，使腐朽不堪的明王朝政治有了转机，国家的粮仓存粮也足够支用十年。但是这些改革触犯了一些豪门贵族的利益，他们表面上虽然服从，背地里却对张居正恨之入骨。

由于张居正的权力太集中了，很多事情都是亲力亲为，所以明神宗长大后闲得没事干。这时候，就有一批亲近的太监在内宫用各种办法给他取乐。

明神宗对张居正的感情发生了怎样的变化？这一变化产生了什么样的后果？

后来，由张居正做主，把那些引诱明神宗胡闹的太监全部赶出宫去。太后知道后，狠狠责备了明神宗一顿，还让张居正代明神宗起草了罪己诏（皇帝责备自己的诏书）。

这件事发生后，明神宗对张居正的感情从惧怕发展到怀恨了。

公元1582年，张居正病故，明神宗亲自执政。那些对张居正不满的大

臣纷纷攻击张居正，说他执政时专横（hèng）跋（bá）扈（hù）。第二年，明神宗把张居正的官爵全部撤掉，还派人查抄了张居正的家。张居正的改革措施也遭到极大的破坏，刚刚有一点儿转机的明王朝政治又昏暗下去了。

你不知道的 历史知识

张居正在执政的第五年，他的父亲在老家因病去世。按照古代礼法，张居正必须回家为父亲守孝三年，但张居正担心自己离开后，所进行的改革会受到影响，甚至这几年的改革成果都会遭到破坏。所以，张居正就让儿子回家奔丧，他自己则留在京城继续进行改革。

那些被张居正的改革触犯利益的人就抓住张居正没有回家守孝的事，向明神宗上书弹劾他，不只朝廷上，甚至大街上都对此事议论纷纷，闹得满城风雨。后来，明神宗下旨，谁再议论此事，一律处斩，才将此事平息下来，也才使得张居正的改革措施能够继续施行。

林则徐虎门销烟——弥漫在战场之外的硝烟

人物档案

名　称：林则徐，字元抚，又字少穆、石麟

官　职：曾任湖广总督、陕甘总督和云贵总督，两次受命担任钦差大臣

成　就：广东禁烟；云南整顿矿政；兴修水利，东河治水

道光皇帝为什么要派林则徐到广东禁烟？

道光年间，吸食鸦片已成为危及中华民族存亡的祸患。道光皇帝决定派林则徐赴广东禁烟。林则徐不敢怠慢，水陆兼程，赶赴广州。

在林则徐到广州之后，那些外国的烟贩和一些洋行商人却没把他放在心上，认为只要送给清朝官员银子，就会安然无恙。于是，他们派怡和洋行的老板伍绍荣为代表，去贿赂林则徐。

林则徐在知道伍绍荣的来意后，不禁怒火中烧，拍案而起。他让伍绍荣回去告诉那些外国的烟贩，三天内交出所有的鸦片并且签署永远不再夹带鸦片入境的保证书，否则一经查出，货物一律充公，贩卖鸦片的商人一律处死。

义律邀请林则徐赴宴是为了什么？

英国驻华商务监督义律一向认为中国官吏是雷声大雨点小，准备采取拖延手段，邀请林则徐赴宴商讨禁烟事宜。宴会上，义律想和林则徐拉关系，林则徐却铁面无私、软硬不吃。这时，上来了一道菜——炸猪排，义律想戏耍下林则徐，大大吹嘘了这道菜，并端给林则徐。林则徐不知是计，咬了一口，烫得舌头起了泡。原来这道菜刚出锅，表面上没有热气，好像是凉的，但其实还很烫。林则徐不知道，结果上了当。

林则徐又为什么设宴回请义律？

几天后，林则徐设宴回请义律，饭吃到一半时，上了一道芋（yù）泥，林则徐向义律介绍了这道菜的特点，并递给他一把勺子，义律毫不客气地盛起一大勺芋泥塞到了嘴巴里，顿时被烫得眼泪直流。原来，芋泥虽然刚出锅，却没有一点儿热气，就像凉的一样。林则徐以其人之道还治其人之身，戏弄了不可一世的义律，并严正地表示："鸦片一日不杜绝，我便一日不回朝廷。"并下令对负隅（yú）顽抗的英国鸦片商人采取一些制裁手段。义律黔（qián）驴技穷，无可奈何，只得下令让英国鸦片贩子向中国政府缴烟。

林则徐的目的达到了吗？

林则徐定在虎门外的龙穴岛销烟。后来担心节外生枝，销烟地点又改到沙角。公元1839年6月3日销烟开始这天，林则徐、邓廷桢（zhēn）等人亲临虎门视察，只见销烟池池水沸腾，烟雾弥漫，顷刻间鸦片化为渣沫黑烟。

你不知道的历史知识

公元1850年，洪秀全在广西发动起义，掀起反清运动。咸丰皇帝任命年已过花甲的林则徐为钦差大臣，前往广西督办军务。此时，林则徐已重病在身，但他依然领旨，带着儿子和亲信启程赶往广西。到了普宁一带，林则徐突然发病，卧床不起，很快就逝世了。据他儿子回忆，林则徐临终时曾手指东南方向，大呼"星斗南"。

1 在下面的横线上填上合适的历史人物。

（1）＿＿＿＿＿＿前后请了姜太公三次，姜太公才答应为他效力。

（2）＿＿＿＿＿＿被元军俘虏后，宁死不降，并写下了著名的《过零丁洋》。

（3）明英宗由于盲目自大被俘后，＿＿＿＿＿＿主张朝廷不能向南撤退。

（4）内阁辅臣＿＿＿＿＿＿推行"一条鞭法"，对税收进行了改革。

（5）＿＿＿＿＿＿被义律用炸猪排戏耍后，以其人之道还治其人之身，用芋泥戏弄了义律。

2 选择合适的答案，将序号填在横线上。

（1）＿＿＿＿＿＿灭掉商朝，建立了周朝。

A.姬昌　　B.姬发　　C.姜尚　　D.周公旦

（2）文天祥到元军大营谈判，见到了元军统帅＿＿＿＿＿＿。

A.伯颜　　B.忽必烈　　C.张弘范　　D.张世杰

（3）海瑞得罪了_____，而被撤了淳安知县的职务。

A.严嵩　　B.鄢懋卿　　C.明世宗　　D.张居正

（4）林则徐禁烟发生在_____年间。

A.道光　　　B.咸丰　　　C.同治　　　D.光绪

3 下面的说法正确的画"√"，错误的画"×"。

（1）瓦剌军将领以送还朱祁钰为名诱杀于谦等人的计谋被于谦识破了。

（2）海瑞眼见明王朝当时的种种弊端，不惧生死，毅然给明世宗上奏章进行劝谏。

（3）林则徐销烟的地点从原来的虎门外的龙穴岛改成了沙角。

第三章

大智大勇的武将

孙膑与庞涓——同门师兄弟的生死较量

人物档案

名　称：孙膑，字伯灵
官　职：齐国军师
成　就：取得桂陵之战和马陵之战的胜利，奠定了齐国的霸业

庞涓为什么想除掉孙膑呢？

魏惠王非常重视人才，常用重金招揽人才。当时有个叫庞涓（juān）的魏国人来了，魏惠王亲自接见了他，庞涓讲了一些富国强兵的道理，魏惠王听了很赞赏，就拜庞涓为大将。

后来，魏惠王又听说孙膑（bìn）很有才干，跟庞涓说起孙膑。庞涓派人把孙膑请来，跟他一起在魏国共事，庞涓发现自己的能力不如孙膑，怕有朝一日孙膑会取代自己的地位，决心除掉孙膑。

为除掉孙膑，庞涓做了哪些事情？

庞涓知道孙膑是齐国人，后来了解到他有一个叔叔和两个堂兄，失去联系多年。半年后，他托人假冒孙膑的堂兄给孙膑写信，邀请孙膑回齐国。孙膑回信说自己已经是魏国臣子，现在还不能回去，等为魏国建立了功勋（xūn），定回国与堂兄团聚。

庞涓截获孙膑的回信，涂改了信件，以孙膑的口吻写道："在魏国是迫于情面，不久一定回国为齐王效力。"

庞涓把回信交给了魏惠王，让魏惠王怀疑孙膑有背叛魏国、私通齐国之心。他一边鼓动孙膑向魏惠王请假回齐国探亲，另一边告诉魏惠王，孙膑不肯听他的劝说留在魏国，要以请假之名回齐国。第二天，孙膑向魏惠王提出请假，话刚一开口，魏惠王就令武士把他抓起来，押到军师府问罪。

庞涓想除掉孙膑，又为什么替他求情呢？

魏惠王要处死孙膑，庞涓假惺惺地为孙膑求情，改为刖（yuè）刑及黥（qíng）面。孙膑叹了一口气："好歹保住了性命。"不一会儿，行刑的刽（guì）子手来了，用尖刀剜（wān）剔下孙膑的两个膝盖骨，又用黑墨在孙膑脸上刺上"私通敌国"四字，孙膑惨叫一声，昏了过去。

一个月之后，孙膑伤口基本愈合，但他再也不能走路了。庞涓假装好意，命人到床前服侍孙膑，这令孙膑深受感动。他感激庞涓对自己无微不至的照顾，决定把庞涓一直想学又没有学到的孙子兵法写出来。正当孙膑废寝忘食地在木简上书写时，一个照顾他起居的下人告诉他，他听到庞涓的手下说，等孙膑写完兵书，他的命就完了。孙膑大吃一惊，犹如一盆凉水从头浇下，一下子全明白了。

知道真相后的孙膑是怎样保全性命逃到齐国的？

第二天，当着侍卫的面，孙膑忽然大叫一声，两眼翻白，昏倒在地。等醒来后，他又哭又笑，把侍卫送来的饭菜到处乱扔，还一把抓起写的兵书一头扑进了火盆里。侍卫抢救不及，兵书烧掉了。

庞涓怀疑孙膑是装疯，让人把他拽到猪圈里，孙膑浑身污秽（huì）不堪，披头散发，全然不觉地在猪圈中翻滚，还一把抓起身上的猪粪往嘴里送，庞涓这才相信他是真疯了。

只有当初推荐他的禽（qín）滑（gǔ）釐（lí）猜测孙膑是装疯，他把孙膑的遭遇和军事才能告诉了齐国大将田忌，田忌很同情他。于是，一个深夜，在禽滑釐的配合下，田忌派人假扮疯了的孙膑，把真孙膑换了出来，逃出了魏国，等庞涓发现的时候，已经晚了。后来孙膑将自己指挥作战的过程写成了书——《孙膑兵法》。

你不知道的 历史知识

《孙膑兵法》和《孙子兵法》是两部完全不同的著作。《孙膑兵法》是战国时期孙膑创作的军事著作。《孙子兵法》的作者是春秋时祖籍为齐国乐安的吴国将军孙武。一般认为《孙子兵法》是我国最早也是世界上最古老的一部兵书，被奉为"百世兵家之师"。其实，在《孙子兵法》出现以前，我国就出现了大量兵书。

田单坚守即墨——火牛阵大破燕军

人物档案

名　称：田单，妫（guī）姓，田氏，名单
官　职：齐国相国，安平君；赵国相国，平都君
成　就：挽救濒（bīn）临灭亡的齐国，大破燕军，收复七十余城

乐毅率领四国联军，攻下了齐国多少城池？

公元前284年，燕昭王拜乐毅为上将军，联合秦、赵、韩、魏四国共伐齐国。

齐国大将韩聂战死，齐湣（mǐn）王也逃回了齐国都城。联军乘胜收取了齐国边境的一些城池就回国了，只有乐毅率领燕军继续追击。燕军一路势如破竹，接连攻下齐国七十多座城池，齐湣王弃城逃走，却在乱军中被杀死了。为此，燕昭王赶来大赏三军，犒（kào）劳将士，封乐毅为"昌国君"。

田单是如何成为即墨守将的？

齐国的领土已损失殆尽，最后只剩下莒（jǔ）城

（今山东莒县）和即墨（今山东平度市）两座孤城还在苦苦支撑。莒城的大夫立齐湣王的儿子即位，史称齐襄王。不久，即墨的守将病死，城中一片混乱。此时，一个叫田单的小官站了出来，表示自己愿意主动带领大家抵抗燕军，大家就推举他做了守将。田单一面组织人力修筑城墙固守，另一面派人随时打探外界的情况，等待机会。他还把自己的亲属编入部队，跟士兵们同甘共苦，鼓舞士气。

田单是用什么方法打败燕军的？

田单智勇双全，很受军民拥护，即墨被乐毅围困了三年，也未被攻破。田单知道，要打败乐毅的强大军队，不能光靠武力，于是他设计派人去燕国散布乐毅的谣言，说乐毅有野心。果然，燕惠王开始怀疑乐毅，最后派骑（jì）劫替代了乐毅。

骑劫无才无德，燕军将士对他非常不满，渐渐地军心涣散，士气低落。田单见时机成熟，便一面派人到处散布谣

言，说齐国得到天神相助；另一面隐藏自己的精锐部队，让老弱和妇女守城，同时还派人带了许多金子去向骑劫请降，请求燕军进攻时能让他们活命。这样，燕军就放松了警戒。

田单暗中搜集了一千多头牛，给每头牛披上奇彩异纹的布衣，牛角都绑上一把尖刀，尾巴上扎着浸过油的芦苇。夜深人静，齐军点燃牛尾上的芦苇，把牛从早已挖好的城洞中赶出去，迫使牛朝燕军阵地猛冲。燕军受到这突如其来的攻击，吓得抱头鼠窜，结果死伤惨重，骑劫被活捉后处死。田单率兵乘胜追击，很快就收复了齐国所有的失地，恢复了齐国原来的疆土。

你不知道的 历史知识

据地方志记载，山东临淄齐国故城东门外的临淄河边被称为"田单解裘处"。相传，田单复国有功，被齐襄王封为相国。虽然贵为相国，但田单依然像从前一样，体恤百姓，处处为国家着想。

有一年冬天，天气特别寒冷。一天傍晚，田单处理完政事，乘车回家，当时天上飘着鹅毛大雪。田单的车子出了临淄城东门，在经过临淄河边时，他忽然看到在前方不远的雪地里躺着一个人。田单连忙让车夫停车，他下车到近前，发现是个老者蜷缩在地上，面色蜡黄，双眼紧闭，身上的衣衫破烂单薄。田单摸了摸老者，身上尚有余温，便连忙解开自己的上衣，把老者抱在怀里，上车后让车夫加速往家赶。到了家之后，老者在田单家人的悉心照顾下，终于醒了过来。

后来，田单雪地解衣救人的事就传开了。老百姓纷纷称赞田单爱民如子，并把临淄城东门外的临淄河边称作"田单解裘处"。

郭子仪单骑退回纥——不战而屈人之兵

人物档案

名　称：郭子仪，别称郭令公、郭汾阳

官　职：太守，节度使，太尉，中书令，关内河东副元帅

成　就：平定安史之乱；收复长安、洛阳；抵御吐蕃

吐蕃和回纥为什么会攻打唐朝？

公元765年，仆固怀恩因为外族人的身份，遭到宦官诬陷，说他跟回纥（hé）勾结。于是仆固怀恩起兵反叛，谎称唐代宗已死，大将郭子仪也被宦官杀害，希望双方能联手反唐。

仆固怀恩的谎言顺利骗过了吐蕃（bō）和回纥，他们同意出兵进攻长安。不料仆固怀恩在半路上就得了急病，去世了。可联军并没有停下前进的脚步，他们势如破竹，一路打到了长安北边的泾（jīng）阳（今陕西泾阳），唐朝的都城受到了严重的威胁。

仆固怀恩死后，吐蕃和回纥两支军队出现了什么情况？

消息传来，举朝震惊，大臣们说，恐怕只有郭子仪能救长安了。此时郭子仪年事已高，正驻守在泾阳。郭子仪一边命令部下严加防守，不要轻易出战；另一边派探子去侦察敌军的情况。探子回来报告说，吐蕃和回纥两支军队在仆固怀恩死后，谁也不愿听从对方指挥，一直不团结。

面对敌军的情况，郭子仪采取了什么策略？

因此，郭子仪定下了分化敌人，逐个击破的策略。回纥的将领药葛罗曾经和郭子仪一起上过战场，有点老交情，郭子仪决定先从他开始。他派部将李光瓒（zàn）去告诉药葛罗郭子仪还活着的消息，责

问他为何出兵。药葛罗不肯相信，提出了让郭子仪亲自到回纥大营来一趟的要求。

听到李光瓒的回禀，郭子仪决定孤身深入敌人的老巢。一个人带着几个随从，边骑边喊："郭令公来啦！郭令公来啦！"回纥的士兵远远看见几个人骑马向大本营奔来，连忙报告给药葛罗。药葛罗和将士们认出了郭子仪，兴奋地大喊："真的是令公他老人家！大家快快行礼！"

回纥将领药葛罗见到郭子仪后，态度有了什么转变？

郭子仪跳下马，对药葛罗说："唐朝待你们回纥不错，为何此次要帮助仆固怀恩叛乱呢？"

药葛罗一脸歉意地说道："我们上了仆固怀恩的当，还以为您和皇帝都死了，中原没有主人，才领军到此。现在我们亲眼见到您还健在，怎么会与您为敌呢？"

郭子仪点点头，说："你这样说我就放心了。吐蕃和唐朝本是亲戚，现在他们却来侵犯我国领土，掠夺百姓，真是忘恩负义。我决定回击他们，如果你们愿意和我联手击退吐蕃，对你定有好处。"

吐蕃为什么会连夜撤军？

回纥与吐蕃本来就闹了一路的别扭，谁看谁都不顺眼。这下药葛罗正好有了充分的理由出兵攻打吐蕃。他对郭子仪说道："没问题，郭令公，我们一定将功补过，替你好好教训教训吐蕃！"

郭子仪亲自去回纥军营的消息很快传到了吐蕃的军营中，吐蕃军害怕唐军真的会和回纥联手攻打他们，于是连夜带着大军撤走了。

你不知道的历史知识

唐代宗把女儿升平公主许配给了郭子仪的儿子郭暧（ài）。一天，郭暧和升平公主吵了起来。郭暧情急之下脱口而出："你不就仗着你父亲是皇帝吗？我父亲还不稀罕这天子之位呢。"公主气得立即进宫向唐代宗告状去了。唐代宗却说，郭暧说的是实话。如果郭家想做天子，天下就不是李家的了。

这事传到了郭子仪耳中，郭子仪大惊失色，赶忙带着郭暧进宫请罪。唐代宗见了却哈哈大笑，对郭子仪说："不痴不聋，不做家翁。儿女闺房之言，何必当真。"意思是不装聋作哑、不装傻，就当不了别人的公公、婆婆。从此这句话就流传开来。

一代名将岳飞——莫须有的谋反罪名

人物档案

名　称：岳飞，字鹏举

官　职：南宋抗金名将

成　就：收复建康、襄阳六郡、商州、虢州；平定曹成、张用等游寇势力；推行"连结河朔"之谋抗金；北伐中原，取得郾城、颍昌大捷等

岳飞是如何成为一方将领的？

岳飞从小好学，熟读兵书。二十岁时，他应征入伍。一次，他与一百多名骑兵在河边练兵，忽然看到一支金兵。他不慌不忙，带着士兵们埋伏在路边，趁金军不备，冲出去把金军打得七零八落。岳飞因此被宗泽看中，做了宗泽手下的偏将，智勇双全，屡立战功，三十二岁时就成了一方将领，与韩世忠、张俊等老将并驾齐驱。他一手训练出来的岳家军，更是治军严谨，所向披靡（mǐ）。因此在金军中流传着一句话："撼山易，撼岳家军难。"

岳家军节节胜利，宋高宗为何执意命令大军班师回朝？

公元1140年，金国再度大举南侵。完颜兀术派出一支铁骑，这支铁骑身披重甲，三匹马为一组，用索相连，号称"拐子马"，多次打败宋军。岳飞派出步兵，手持大刀滚入马阵之中，专砍马腿，只要一匹被砍倒，另外两匹就会一起倒下。岳家军趁机冲杀，最后"拐子马"全军覆灭。

岳家军节节胜利，一直打到距离东京（今河南开封）只有四十五里的朱仙镇。河北的义军得知岳家军打到朱仙镇的消息，都欢欣鼓舞，渡过黄河来同岳家军会合。老百姓用牛车拉着粮食慰劳岳家军，有的还顶着香盆来欢迎，个个兴奋不已。

岳飞眼看形势大好，胜利在望，也止不住内心的兴奋。他说："将士们！努力杀敌吧！等我们把金人赶出我们的家园，再与诸位痛饮！"

抗金形势一片大好，然而这时宋高宗竟命各路大军班师回朝，好向金国求和。宋高宗求和心切，连发十二道金牌，勒令岳飞回朝。岳飞悲愤莫名，长叹道："十年努力，毁于一旦！"

岳飞回到临安后，宋高宗为了向金国表达议和的诚意，解除了岳飞、韩世忠、张俊三大统帅的兵权，并撤销了负责对金作战的机构，随后派出使者向金国求和，金国则将杀掉岳飞作为议和的前提。

秦桧为了给岳飞定罪，是如何诬陷他的？

秦桧唆（suō）使与岳飞不和的将领张俊，诬告岳家军将领张宪密谋发动兵变。宋高宗闻言大怒，立即将岳飞和岳飞之子岳云抓入大狱。

然而岳飞一心为国，秦桧指使的审讯官员虽然给岳飞父子捏造了许多罪名，却没有一项罪名有真凭实据。秦桧拿不出一个站得住脚的理由，又让同党审理岳飞，可依然找不到任何证据。

两个月后，老将韩世忠看不过去了，当面责问秦桧："岳飞到底犯了何罪？"秦桧无言以对，只好耍赖，说："岳飞给张宪写信让他谋反，虽然没找到证据，但这件事莫须有（莫须有，即也许、可能有的意思）。"

韩世忠愤怒了："既是莫须有，如何能让天下人心服？！"

岳飞是如何被害的呢？

秦桧一心想除掉岳飞这个眼中钉，却怕引起公愤。一天，他正坐在桌前发呆，他的妻子王氏知道他是在为岳飞之事心烦，冷笑着说："缚虎容易，放虎难。"

这句话让秦桧下定了决心，当天夜里，他派人给看管岳飞的狱卒送了一张小纸条，秘密处决了岳飞。就这样，公元1142年的除夕之夜，年仅三十九岁的岳飞在风波亭遇害。

你不知道的 历史知识

风波亭原本是南宋时杭州大理寺（最高审判机关）狱中的亭名，因岳飞在这里含冤而死，2003年10月1日，风波亭于旧址复建，成为杭州市缅怀英雄的历史教育景点。

郑成功收复台湾——艰难的围城之战

人物档案

名　称：郑成功，名森，幼名福松，字明俨、大木
官　职：总统御营军务，招讨大将军，封忠孝伯
成　就：东南抗清；驱逐荷兰殖民者；收复台湾；创建明郑

在抗清一事上，郑成功与父亲郑芝龙的态度一样吗？

在江南人民与清军苦战的时候，明太祖朱元璋的九世孙唐王朱聿（yù）键也在福州建立起了南明政权，称为"隆武帝"。大臣黄道周一心抗清，积极帮助隆武帝出师北伐。但是掌握兵权的郑芝龙贪图

富贵，抛弃了隆武帝，向清朝投降，隆武政权就此瓦解。

郑芝龙有个儿子叫郑成功（今福建南安人），是个二十二岁的青年将领。郑芝龙投降清朝的时候，郑成功苦劝不成，气愤之下，就单独跑到南澳岛，招募了几千人马，坚决抗清。

郑成功抗清失败后采取了什么计划？

他跟抗清将领张煌言联合起来，乘海船率领十七万水军，开进长江，向南京进攻，一直打到南京城下，后因中计损失惨重，退回厦门。

郑成功回到厦门后，决定向台湾发展。明朝末年，欧洲的荷兰人趁明王朝腐败无能，霸占了台湾。郑成功决心赶走侵略军，就下令让他的将士修造船只，积蓄粮草，准备渡海。

郑成功为收复台湾，是如何对抗荷兰侵略军的呢？

公元1661年3月，郑成功亲率二万五千名将士，乘坐几百艘战船，浩浩荡荡地从金门出发。荷兰侵略军听说郑军要来攻打台湾，就调动一艘最大的军舰"赫克托"号，气势汹汹地开了过来，阻止郑军的船只继续登岸。郑成功沉着镇定，指挥他的六十艘战船把"赫克托"号围住，随即一声令下，六十艘战船一齐开炮，把"赫克托"号击沉了。另外三艘荷兰船见势不妙，吓得掉头就跑。

随后，郑成功派兵猛攻赤嵌。赤嵌的敌军拼死顽抗，一时攻不下来。有个当地人为郑军出主意说，赤嵌城的水都是从城外高地流下来的，只要把水源切断，敌人就会不战自乱。郑成功采用这个办法，没出三天，赤嵌的荷兰人乖乖地投降了。

郑成功成功赶走侵略军了吗?

盘踞台湾的侵略军企图顽抗，等待援兵。郑成功采取长期围困的办法逼他们投降。在围困八个月之后，郑成功下令向台湾城发起猛攻。荷兰侵略军走投无路，只得扯起白旗投降。

公元1662年初，侵略军头目被迫到郑成功大营，在投降书上签了字，灰溜溜地离开了台湾。郑成功从荷兰侵略者手里收复了我国的宝岛台湾，成为我国历史上了不起的民族英雄。

你不知道的历史知识

郑成功在台湾收复后不久便去世了，年仅三十八岁，正值壮年，却突然暴病而亡。有人认为郑成功是被人投毒杀死的，一是因为郑成功死前的情状与中毒后毒性发作的症状极似；二是因为郑成功的亲信马信神秘地死去。马信是清朝降将，后来成为郑成功的亲信，郑成功去世当天，由他推荐的一名医师投药一帖，夜里郑成功突然死去，他本人也突然无病而卒。另外，有人认为是被刺身亡，因为郑成功生性暴烈，用法严峻，被处以极刑者很多，众将人心惶惶，其中很多人在清廷高官厚禄的诱惑下叛逃，因此他很有可能是被清廷收买的内奸刺杀而亡的。

1 在下面的横线上填上合适的历史人物。

（1）_____在禽滑釐和田忌的帮助下才逃出魏国。

（2）_____成为即墨的守将后，采用火牛阵大破燕军，收复了齐国所有的失地。

（3）吐蕃和回纥听了_____的谎话，才出兵进攻长安。

（4）_____率军打到了距离东京只有四十五里的朱仙镇，人们都欢欣鼓舞，个个兴奋不已。

（5）荷兰侵略军在_____率领的军队的猛烈攻势下，扯起白旗投降了。

2 选择合适的答案，将序号填在横线上。

（1）孙膑是_____国人。

A.齐　　　B.燕　　　C.魏　　　D.赵

（2）燕惠王听信谣言，派_____替代了乐毅。

A.田单　　B.骑劫　　C.田忌　　D.孙膑

（3）_____在见到郭子仪后，立即决定和唐朝联合攻打吐蕃。

A.李光瓒 B.仆固怀恩 C.药葛罗 D.郭暧

（4）宋高宗为向金国表达议和的诚意，解除了三个人的兵权，这三个人中没有_____。

A.岳飞   B.韩世忠   C.张俊   D.宗泽

3 下面的说法正确的画"√"，错误的画"×"。

（1）魏惠王因为嫉妒孙膑的能力，所以就派庞涓除掉孙膑。

（2）岳飞派步兵手持大刀专砍马腿，就打败了金国的"拐子马"。

（3）郑芝龙和儿子郑成功一起率领军队把荷兰侵略军赶出了台湾。

答案

第一章

1.
（1）颍考叔
（2）文种　范蠡
（3）韩信
（4）李显　李旦
（5）朱棣

2.
（1）B　（2）B
（3）A　（4）D

3.
（1）√　（2）×
（3）×

第二章

1.
（1）姬昌
（2）文天祥
（3）于谦

（4）张居正
（5）林则徐

2.
（1）B　（2）A
（3）B　（4）A

3.
（1）×　（2）√　（3）√

第三章

1.
（1）孙膑
（2）田单
（3）仆固怀恩
（4）岳飞
（5）郑成功

2.
（1）A　（2）B
（3）C　（4）D

3.
（1）×　（2）√　（3）×

学习**可以很有趣**

哎！科学真神奇

曲长军◎主编

三辰影库音像电子出版社
北京

图书在版编目（CIP）数据

学习可以很有趣．哇！科学真神奇 / 曲长军主编
. — 北京 ：三辰影库音像电子出版社，2022.8
ISBN 978-7-83000-579-5

Ⅰ．①学… Ⅱ．①曲… Ⅲ．①科学知识－小学－教学
参考资料 Ⅳ．①G624

中国版本图书馆 CIP 数据核字 (2022) 第 075530 号

学习可以很有趣．哇！科学真神奇

责任编辑：蔡梦浩
责任校对：韩丽红
排版制作：文贤阁
出版发行：三辰影库音像电子出版社
社址邮编：北京市朝阳区东四环中路 78 号 11A03，100124
联系电话：（010）59624758
印　　刷：北京云浩印刷有限责任公司
开　　本：880mm×1230mm　1/32
字　　数：256 千字
印　　张：10
版　　次：2022 年 8 月第 1 版
印　　次：2022 年 8 月第 1 次印刷
定　　价：68.00 元（全 4 册）
书　　号：ISBN 978-7-83000-579-5

亲爱的小读者们，你发现学习中的乐趣了吗？如果还没有发现，不妨打开这本书看看吧！也许它会给你带来惊喜！

在课堂上，晦涩难懂的语文知识，望而生畏的数学题目，枯燥乏味的历史文化，高深莫测的科学技术……可能会让你感觉毫无快乐可言。其实，当发现各个学科的魅力后，你会觉得这些知识是有灵动鲜活的一面，就能感受到学习是一件很有趣的事情。

为激发小读者们的学习兴趣，我们编写了这套《学习可以很有趣》。本套书摒弃严肃的说教风格，采用趣味十足的小故事，对语文、数学、历史、科学四个学科的典型知识进行了通俗易懂的讲解，从不同角度呈现出这些学科生动、有趣的一面。本套书内容丰富、语言诙谐、版式新颖、插图活泼，可为小读者营造轻松愉快的学习氛围，让小读者尽情地遨游在知识的海洋里，增长知识、开阔视野、启迪智慧。

小读者们，赶快翻开这本书吧。相信这本书会是你开启快乐学习之门的金钥匙，成为你学习的好伙伴！

目录 MULU

第一章

神秘莫测的光学

引起视觉的光

光是一个物理学名词，其本质是一种处于特定频段的光子流。

天早上，山羊妈妈送小山羊去学校，小山羊发现，地面上有它们的影子，影子还在不断地变化，小山羊好奇地问："妈妈，为什么地面上会有影子呢？"

山羊妈妈说："是因为太阳光的照射呀。"

小山羊继续问道："那太阳光是怎么让影子出现的呢？"

山羊妈妈说道："这就涉及光学的问题啦。"

眼看就要到学校了，小山羊着急地说："妈妈你快说，我知道后就可以和同学们分享了。"

山羊妈妈说："太阳光

都是沿着直线传播的，当光线照到不透明或半透明的物体时，就会形成被物体遮挡的阴影区，这个阴影区就是我们的影子。"

山羊妈妈继续说道："如果把一根蜡烛放在灯光下，你会发现影子的中部特别黑，四周特别浅，那么中部特别黑暗的部分叫本影，四周灰暗的部分叫半影。"

小山羊说："今天的收获非常大，我不仅知道了影子的'来历'，还知道了影子的两种类型——本影和半影。"

山羊妈妈继续启发："善于观察才会有所收获。"

山羊妈妈刚说完就到了学校门口，小山羊兴奋地一边跑向学校一边说："我知道影子是怎么出现的啦！"

到教室后，小山羊跟同学们讲解影子的秘密，同学们都非常惊奇：原来影子隐藏着这么大的奥秘呢！

科学课堂

英国一家眼科医院经过多年的研究，根据眼睛成像的原理，成功完成了首例"仿生眼"移植手术，失明的患者通过手术，可以感知光线的强弱，大致看清物体的轮廓和移动方向。

光的反射

光的反射是指光从一种介质斜射到另一种介质时，在分界面上改变传播方向又返回原来介质中的现象。

这次搬家，红红非常高兴，因为她的房间里有一扇非常大的窗户，透过窗户向远处望去能够看到外面的美景，心情舒畅极了。

一天，红红站在窗户前面欣赏风景，感觉眼前有点模糊，她仔细一看，发现窗户有些脏，红红跑去告诉妈妈，妈妈说："你去上学吧，妈妈会把玻璃擦干净。"

红红高兴地走出房间，背起书包去了学校。

放学后，红红迫不及待地飞奔回家，从远处看，发现房间的窗户很黑，她心里想："妈妈没有把我房间的玻璃擦干净吗？"

红红疑惑地回到了房间，可是走近一看，玻璃明明是干净的啊，此时红红心想："这块玻璃会魔法吗？"

红红把这件事告诉了老师，老师笑了笑，说："其实，你们家的玻璃并不会魔法，这只是一种光的反射而已。"

红红问："光的反射是什么意思呢？"

老师继续说："当太阳光照射到玻璃窗上时，就会发生镜面反射现象。当你处在反射光线的位置时，看到的玻璃就会非常干净，而且特别明亮；但是当你站在其他位置时，因为进入眼睛里的反射光线很少，那么看到的玻璃窗就是黑色的。"

红红说："原来是这样啊，看来玻璃并不会魔法，这都是光在搞鬼呀。"

老师说："对呀，只有学好科学知识，遇到这种现象，才能知道它的原理。"

红红笑着说："老师，今后我一定会好好学习科学知识。"

科学课堂

战国初期，墨学创始人墨子就已经发现了光的反射定律，并且奠定了我国的光学基础。

透镜成像

透镜分为凸透镜和凹透镜。凸透镜成像规律是：物体放在焦点之外，在凸透镜另一侧成倒立的实像，有缩小、等大、放大三种实像。物距越小，像距越大，实像越大；物体放在焦点之内，在凸透镜同一侧成正立放大的虚像。物距越大，像距越大，虚像越大。凹透镜对光线起发散作用，它的成像规律则要复杂得多。

很久以前，有一位国王非常喜欢看足球比赛。有一天，他的侍卫对他说："国王，今天王宫里有一场足球比赛，您要去看吗？"

国王一脸忧愁地说："那可真是太可惜了，我的眼睛出了问题，根本就看不清足球比赛。"

侍卫把国王的情况告诉了一位制镜大师，这位制镜大师对侍卫说："其实国王是患上近视了。"

侍卫惊讶地问："近视？这是什么病？严重吗？"

制镜大师说："这是国王错误用眼导致的。"

制镜大师继续说："近视是远处物体的成像不能

在视网膜上汇聚，只能在视网膜之前形成焦点，因而造成视觉变形，导致看远处的物体模糊不清。"

侍卫着急地说："国王岂不是一辈子也看不成足球比赛了。"

制镜大师笑着说："不用担心，我可以为国王设计一种眼镜，国王戴上以后肯定能看清足球比赛。"

几天后，制镜大师制成了眼镜，国王戴上以后看清了他喜欢的足球比赛。事后，国王把制镜大师叫到宫殿里，问："你制作的眼镜究竟有什么神奇之处，我戴上之后，就算是离我很远的东西，依然能看得很清楚。"

制镜大师恭敬地回答："您戴的近视眼镜其实就是凹透镜，当平行光线经过凹透镜折射以后，这个凹透镜就会将成像落在您的视网膜上，这样您就能看清远处的东西了。"

听了制镜大师的话，国王非常高兴，下令重赏了这位制镜大师。

科学课堂

远视眼的人戴的眼镜是根据凸透镜的原理制成的。正常情况下，远视眼的焦点是落于视网膜之后，当戴上远视镜以后，在凸透镜的作用下，平行光线进入眼睛后，焦点会落在视网膜上，这样就能看清近处的事物了。

平面镜成像

平面镜成像是一种物理现象。我们站在镜子前，当太阳光或者灯光照射到人身上时，这些光会被反射到镜面上，平面镜又将光反射到人的眼睛里，这样我们就能看到自己在平面镜中的虚像。

科学课上，老师问："大家都照过镜子吗？"台下的学生异口同声道："照过。"

老师接着说："关于镜子，有什么问题，大家可以举手向老师提问，也可以说出来大家一起思考。"

这时晓旭举手示意自己有问题要问，老师说："请晓旭提出自己的疑问。"

晓旭站起来说："老师，镜子是用什么材料制作的呢？为什么镜子中有一个一模一样的我呢？难道镜子会魔法吗？"

听到晓旭的话，同学都大笑起来，见到这样的情景，老师说道："晓旭的问题问得非常好，说明她有仔细观察生活中的各种现象，同学们应该向她学习。"

听到老师的话，座位上的同学纷纷看向晓旭，投以羡慕的目光。

老师说："你们之所以能够在镜子中看到一个一模一样的自己，其实不是镜子会魔法，而是光会魔法。"

晓旭问道："难道是光让我们看到镜中的自己吗？"

"对了，晓旭说的没错，确实是在光的作用下，镜子才发挥作用。"老师表扬道，"外面的太阳光或者屋内的灯光照射到我们身上时，会被反射到镜面上，平面镜又将光反射到人的眼睛里，这样我们就能看到镜子中自己的虚像了。"

大家都在感叹光的神奇时，晓旭又提出了疑问："老师，为什么镜子中的我们有时大，有时小呢？这和镜子的大小有关吗？"

老师说："这个问题其实并不难，不是因为镜子的大小才出现这种现象，而是我们观察事物的角度不同。当我们走近镜面时，像与人的距离就会变小，那么我们观察物体的视角就会增大，所以我们就

感觉镜子中的自己变大了，其实，镜中的自己和实际中的自己的大小始终是相等的，这就是镜中的我们有时大，有时小的原因，即近大远小。"

"那为什么我举右手，镜子中的我举的是左手呢？"晓旭又提出问题。

"镜子中的自己其实和实际中的自己是对称的，就像你对面站了另外一个人，你举右手，以你的角度看，他也要举你右侧的手，而对他来说，就是他的左手。所以，镜子中的自己与实际中的自己是左右相反的。"老师说。

在老师的解释下，晓旭豁然开朗，对科学越来越感兴趣了。

科学课堂

平面镜成像的特点是：像的大小与物相等；像与物分别在镜面两侧，且与镜面的距离相同，即像与物于镜面对称；所成的像是直立的虚像。

光的折射

光的折射是指光从一种介质斜射到另一种介质时，在分界面处发生偏折，进入另一种介质的现象。

小明期末考试考了满分，按照约定，爸爸妈妈会带小明去蓬莱阁旅游，据说这个地方美如仙境一般。

到了蓬莱阁以后，小明兴奋得四处乱跑，在爸爸妈妈的劝导下，他才乖乖地跟在爸爸妈妈身后。看到美丽的景色，小明都会拿手机拍照，他正拍摄眼前的路灯时，忽然发现好多游客都向远处望去，爸爸妈妈也向远处望去，小明注意到自己眼前有一座巨大的岛屿，岛屿周围全是游动的小鱼。这种景观让在场的人都惊叹不已，都夸赞大自然的神奇。

这时，小明不解地看向妈妈："妈妈，这么美丽的景观，我们不应该划船去岛屿上看一下吗？"

一旁的爸爸笑着说："孩子啊，那座岛屿不是

11

真的。"

小明大声说:"什么,怎么会不是真的呢?那明明就在眼前哪。"

爸爸摇摇头说:"这就是不好好学习的后果呀。"

小明着急地说:"爸爸,快告诉我吧,现在仿佛全世界只有我不知道这里面的玄机。"

爸爸说:"这叫作海市蜃楼,是光的折射所产生的一种现象,并不是真实的景观。"

爸爸继续说:"海市蜃楼是光线在垂直方向密度不同的大气层中传播,经过折射所产生的现象。"

虽然爸爸说得很深奥,但小明慢慢懂得了其中的道理,原来大自然里的光还能产生这么神奇的现象。

科学课堂

全反射是一种特殊的折射现象,指光由光密(即光在此介质中折射率大)介质射到光疏(即光在此介质中折射率小)介质的界面时,折射光全部消失,只剩下反射光的现象。

光谱

光谱是复色光经过色散系统（如棱镜、光栅）分光后，按波长（或频率）的大小而依次排列的图案，全称为光学频谱。

动 物王国学校放学后，大家争先恐后地往校门口跑，到十字路口时，动物们都站在斑马线的一端等绿灯。这时，马路上的车辆少了一些，小猴子有点儿等不及了，想闯红灯，但是被一旁的猴子妈妈给拦下了，猴子妈妈生气地说："不能闯红灯。你这样贸然地跑过去，从两边驰来的车根本看不到你，司机看到你的时候再刹车就已经晚了，那个时候后悔就来不及了。所以闯红灯是一件非常危险的事，知道吗？"

小猴子第一次见到妈妈这么严厉地说自己，小声地说："知道了，妈妈，我下次再也不闯红灯了。"

兔子老师和学生小狐狸也站在斑马线的一端，小狐狸本来也想闯红灯，但是听见猴子妈妈的话后就放弃了。

在等绿灯的过程中，小狐狸注意到，交通信号灯只有红、黄、绿三种颜色，于是问身旁的兔子老师："老师，交通信号灯为什么是红、黄、绿三色的呢？"

兔子老师听到小狐狸的问题并没有立刻回答，而是反问小狐狸："你知道光是由几种颜色组成的吗？"

小狐狸高兴地说："我知道，光是由红、橙、黄、绿、蓝、靛、紫七种颜色组成的。"

兔子老师夸奖道："真棒，看来你有好好学习呀。"

接着兔子老师又问："那你知道这七种光色都有自己的波长吗？"

小狐狸皱起眉头说："不知道。"

兔子老师微笑着说："在光的这七种颜色中，红色的波长最长，穿透介质的能力最强，最容易被人们观察到，所以，人们就将红色作为停止信号或者危险信号。黄色的波长次于红色,穿透介质的能力也非常强,同样会使人产生警觉,所以就选择黄色提醒人们注意车辆。绿色的波长也比较长,由于它与红色和黄色易于区分,对比度强,且易于辨认,因此,被用作允许通行的信号。"

兔子老师看向小狐狸说:"明白了吗?"

看到小狐狸似懂非懂的样子,兔子老师补充道:"不明白没关系,下节课我们会讲到这个知识,所以一定要好好听讲呀。"

小狐狸点头说:"我一定会的。"

此时,绿灯亮了起来,兔子老师和小狐狸一起走到了马路的另一边。

科学课堂

17世纪60年代,英国科学家牛顿用三棱镜折射阳光制造出了人工彩虹,用该方法制造彩虹,是利用了阳光的色散这一原理。

好玩的科学实验

镜子发出的光

游戏准备

一张黑色硬纸板　　一块小木板　　一个手电筒

一把剪刀　　一面镜子

游戏步骤

1 将黑色硬纸板从两边向中心对称折叠，然后在纸板的一侧剪三条垂直的细缝。

2 将黑色硬纸板粘在木板上，将镜子斜靠在与三条细缝相对的一面上。

3 遮挡射入室内的所有光线，让房间变得黑暗。

4 用手电筒照射黑色硬纸板有细缝的一侧。照在镜子上的光线被平行反射回了黑色纸板上。

第二章

必不可少的热学

表示冷热的温度

温度是表示物体冷热程度的物理量。从微观上来讲，物体的温度与分子热运动的剧烈程度有关。

一天，小宇想出去玩，妈妈对小宇说："你可以出去玩，但是，外面温度太低，在玩的过程中感觉到热了，千万不要脱衣服。如果你答应的话，妈妈就让你出去玩。"

小宇说："妈妈，我并不感觉冷啊。"

妈妈生气地说："等你感觉到冷的时候，就说明你要感冒、发烧了。"

小宇不情愿地说："好吧。"随后就穿上了厚厚的衣服。

穿上厚衣服后的小宇马上出去和小伙伴们玩耍了，在玩耍的过程中，小

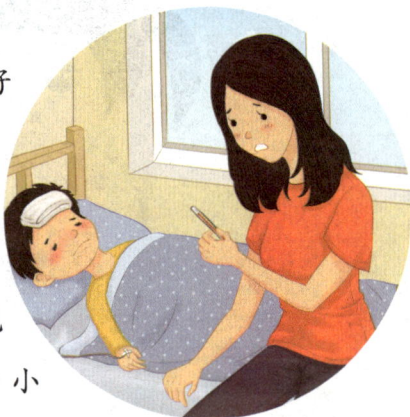

宇出了一身的汗，不经意间把衣服脱了。

回到家后，小宇缩成一团，说："妈妈，我觉得浑身发冷，还流鼻涕。"

妈妈赶紧带小宇去医院，到了医院量完体温，护士看着温度计说："小朋友，你发烧了。"

小宇虚弱地问："发烧？这是什么意思？"

护士说："发烧就是你身体的温度比正常值要高，一旦发烧你就会非常不舒服。"

小宇迷迷糊糊地说："原来发烧是这种感觉呀，妈妈说的果然没有错。"

小宇身体恢复了以后，每次出去玩，就算出了一身汗也不随便脱衣服，还总是告诉其他小朋友注意保暖。

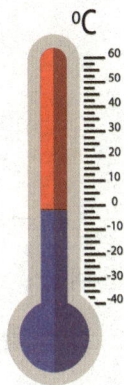

科学课堂

1593年，意大利一位名叫伽利略的科学家发明了温度计。这个温度计是用一根细长的玻璃管制成的，玻璃管的一端有一个空心圆球形的玻璃泡，如果把玻璃管插入水中，就可以观察到温度的变化幅度。

不可思议的蒸发

蒸发是指在液体表面发生的由液态变成气态的现象，在任何温度下都能进行。

兰是个非常爱美的女孩，基本上每天要洗一次头发。

星期一的早上，兰兰正打算洗头发，妈妈说："今天是星期一，你得赶紧去上学了，晚上回来洗不行吗？"

兰兰着急地说："不行呀妈妈，我的头发太油了，同学们会笑话我的，我知道今天是星期一，所以起了个大早，就是为了洗头发。"

洗完之后，兰兰说："今天是阴天，头发肯定不好干。"

这时，妈妈走过来说："就知道你洗头发洗得勤，我特意买了一个吹风机。"说着就把吹风机拿了过来。

兰兰高兴地用吹风机吹头发，一会儿头发就干了，她长吁一口气说："吹风机就是好哇。"

妈妈说："那是当然了，不然为什么要生产吹风机呢。"

兰兰看着吹风机说："妈妈，你说吹风机为什么能让头发在很短的时间内变干呢？"

妈妈说："因为吹风机带走了头发上的水分。"

兰兰笑着说："妈妈，我是想问吹风机的工作原理是什么。"

妈妈认真地说："首先，吹风机能够升高你头发上的水的温度，这样就会加快水分蒸发的速度。其次，吹风机产生的风能够加快空气的流动，这样一来，空气就能带走你头发上的水分。"

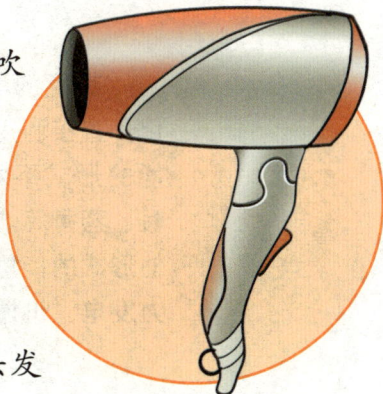

听了妈妈的话，兰兰崇拜地抱住妈妈说："我的好妈妈，您真是太厉害了！"

妈妈摸着兰兰的头说："好好学习，学会了知识，到时候就不用问妈妈了。"

科学课堂

在蒸发条件相同而液体不同的情况下，因为液体分子之间内聚力大小不同，所以蒸发的快慢也不同。例如，水银分子之间具有很大的内聚力，所以它蒸发得很慢；乙醚分子之间具有很小的内聚力，所以它蒸发得很快。

热能的利用

热能的利用可分为直接利用和间接利用。直接利用是指直接用热能加热物体，热能的形式不发生变化，如烘干、冶炼、取暖、蒸煮等。间接利用是指把热能转换为其他形式的能量，如交通运输、石油化工、火力发电、机械制造等。

宁宁的妈妈是一位科学老师。星期天，妈妈正在打扫卫生，看书的宁宁被书中的汽车和飞机引起了注意。

宁宁指着汽车说："妈妈，汽车是怎么发动的呢？"

妈妈微笑着说："是因为热能啊。"

宁宁疑惑地说："热能？它能让汽车发动起来吗？"

妈妈说："热能不能直接让汽车发动起来，但是燃料燃烧产生的热能可以为汽车内部的发动机提供动力，这样汽

车就可以行驶了。"

宁宁说："原来热能不仅能用来做饭，还能提供动力让汽车行驶啊。那飞机呢？飞机是用两个翅膀飞起来的吗？"

妈妈说："飞机飞行和汽车行驶的道理是一样的，飞机的两个翅膀是它的机翼，机翼是飞机用来产生升力的主要部件，一般分为左右两个翼面。"

宁宁挠挠头说："原来是这样啊，我还以为飞机和小鸟一样是依靠翅膀飞起来的呢，而且不用加油，飞机就能高高飞起，看来还是我懂得太少了，今后我一定多请教妈妈，这样我才能有所收获。"

热能的作用非常多，各行各业都有它的身影。如果我们能够合理地利用热能，那么未来一定会更加美好。

科学课堂

孔明灯是用来祈福的一种工艺品，应用的是空气受热膨胀的原理。孔明灯由阻燃的灯罩、底圈和燃料三部分组成，所受到的总重力为灯本身的重力与灯内空气的重力之和。未点燃燃料时，总重力与所受的浮力相等；点燃燃料后，灯内空气受热密度变小，重力随之减小，此时，孔明灯所受的浮力大于总重力，于是就会升上天空。

性质不同的热导体

热导体是指能传导热能的物体，不同的物体传导热的本领是不同的，人们把善于传导热的物体叫作热的良导体，把不善于传导热的物体叫作热的不良导体。

火 是温度家族中最活跃的一个成员，它有很多好朋友。一天，火带着自己的两个好朋友——热的不良导体和热的良导体出来散步，它这两个好朋友的名字虽然只差一个字，但是它们的特性和意义大不相同。热的不良导体是指不善于传导热的物体，热的良导体是指善于传导热的物体。

在公园里它们遇见了巡逻的狐狸警察，狐狸警察说："火，你一定要远离干燥物品，不然就会引起火灾。"

火微笑着说："狐狸警官您放心吧，这些我都知道。"

狐狸警察看向热的良导体和热的不良导体说："你们两个也不要乱跑哇。"

热的良导体说："您放心吧，我还会提醒火远离像银、铜、铝这些容易导热的物品。"

热的不良导体说："我会提醒火远离像石头、玻璃、木头、棉花这些不容易导热的物品。"

狐狸警察说："你们知道自己的特性，那真是太好了，这样就可以减少火灾的发生了。"

火在一旁说："狐狸警官，其实它们两个不是只有坏处，像我们吃饭的锅都是用善于传导热能的金属制成的，这样就能让热能尽快地传给待加热的食物，我们就能在短时间内吃到热乎乎的饭了；像我们冬天穿的羽绒服、棉衣都是用热的不良导体制成的，这样可以保存身体散发的热量，进而达到保暖的目的。"

狐狸警察笑着说："原来你们两个还能发挥这么大的作用呢，真是小瞧你们了。"

热的良导体和热的不良导体害羞地低下了头。

科学课堂

居住在我国北方的人们，每到冬季，都会在户外自来水管的外面包上一层热的不良导体，如塑料纸、纱布等，因为这样可以防止自来水管被冻裂。

应用广泛的热机

热机是指各种利用内能做功的机械，是将燃料的化学能转化成内能，再将内能转化成机械能的一类动力机械，如蒸汽机、汽轮机、燃气轮机、内燃机、喷气发动机等。

汽油机和柴油机都是人类的好朋友，但是，它们俩总在比谁对人类的贡献大。这天，它们找来了声望很高的熊博士，把事情的经过全告诉了熊博士，熊博士听了之后，说："你们说一说各自的优点吧。"

汽油机昂首挺胸地说："我的优点可多了，我的适应性强，工作时非常稳定，而且很容易操作，既方便又省力，噪声小，价格低，等等。"

柴油机低着头说："我的优点没有它的多，我只有热效率高、功率范围广、故障少、没有点火系统这几个优点。"

熊博士说："你们两个都很棒，这些优点对人类来说都是非常重要的。那你们都能说出自己的缺点吗？"

汽油机不屑地说："我那么完美怎么会有缺点呢？"

熊博士笑笑说："再完美的事物也会有缺点，谁都不例外。"

熊博士看向汽油机说："你的缺点是经济性能差、排气净化能力不好，而且燃料消耗得特别快。"

熊博士又看向柴油机说："你的体重大，所以制造费用和维修费用比较高。"

听到各自的缺点，汽油机和柴油机都低下了头。熊博士说："虽然你们两个的优缺点不同，但你们都属于一个家族，应该齐心协力为人类做贡献才对。"

听了熊博士的话，汽油机和柴油机再也没有为谁对人类的贡献大争论过，甚至还成了好朋友。

科学课堂

热机在人类的日常生活中发挥着重要的作用，现代的交通运输工具大部分都靠它来提供动力。虽然热机的广泛应用推动了社会的发展和进步，但对环境造成了一定程度的污染。

好玩的科学实验

不怕火的手帕

游戏准备

一块棉质手帕　一个玻璃杯　一瓶纯度为75%的酒精

一个酒精灯　一个打火机　一个装有水的盆子

一把尖嘴钳

游戏步骤

① 在玻璃杯中放入手帕，倒入适量酒精。

② 用打火机点燃酒精灯。

③ 用尖嘴钳夹出泡在酒精中的手帕，靠近酒精灯去燃烧。

④ 当手帕中的酒精快被燃尽的时候，将手帕丢进水盆中。浸泡了酒精的手帕，靠近火焰后，立即燃烧了起来。当把手帕放入水盆中后，手帕完好无损，并没有被烧坏。

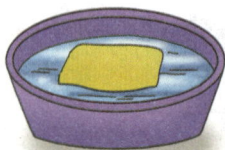

注意：请在成人的陪同下进行操作。

第三章

深不可测的力学

奇妙的万有引力

万有引力是指任意两个物体由于具有质量而产生的相互吸引力，是自然界中最普遍的力。

牛顿还是大学生时，常常去姐姐家居住。乡村平静的生活，让牛顿产生了很多问题：是什么力量驱动月球围绕地球转动呢？地球为什么会围绕太阳转动呢？月球为什么不会掉到地球上呢？等等，这些问题让牛顿百思不得其解。

有一天，牛顿在苹果树下乘凉，忽然听到了"咚"的一声，他回头一看，发现一个苹果落到了地上。他心想："幸好没有砸到我，不然可要吃苦头了。"这时又有一个苹果落地，牛顿急忙转头观察，他注意到这个苹果落地时还反弹了一下，最后静静地"躺"在了地上。

牛顿将这些现象联系到一起，产生了疑问：既然苹果会落到地上，月球也可能会掉到地球上，但是为什么月球没有掉到地球上呢？这两者之间有什么不同呢？

第二天早晨，天气晴朗，牛顿看见小外甥正在玩球，只见他手上系着一根绳子，绳子的另一端系着小球，他慢慢地摇晃小球，后来越来越快，最后小球就被抛出去了。

牛顿经过一番思考，激动地想："我知道里面的道理啦，有两种力量作用于小球，分别是外甥对小球向外的推力和绳子对小球的拉力，月球也是这样，有两种力量作用于月球，分别是地球的重力和太阳的引力。"就这样，牛顿根据天体所受的引力，得出一切物体都有万有引力的结论。

科学课堂

牛顿发现的万有引力定律是17世纪自然科学最伟大的成果之一。这个定律统一了地球上物体运动的规律和天体运动的规律，对后期物理学和天文学的发展具有深远的影响。

竖直向下的重力

重力是物体由于受地球的吸引而受到的力。重力的施力物体是地球，重力的方向总是竖直向下的。

啄木鸟是森林王国里最聪明的动物。一天，它号召大家去大自然探险，大象、猴子和袋鼠纷纷响应。就这样，它们三个开始了探险之旅。

出发前大象紧张地说："怎么办？我还没有做好心理准备。"

走在最前面的猴子说："怕什么，大自然是我们生活的地方啊！"走在最后面的袋鼠点头表示认同。

它们走到河边，猴子指着前面的河，说："我们就继续沿着这条河行进吧。"

走了一会儿，它们发现有一个山坡挡在了眼前，要想走到河流的另一边，必须要跳到这个山坡上才可以。袋鼠说："这算什么问题，我一下就能跳上去。"说着便一跃而上，猴子也纵身一跃跳了上去。

袋鼠和猴子跳上山坡以后，发现大象还在山坡下面，于是催促道："你为什么还不上来呢？"

大象委屈地说："为什么我无法跳到山坡上去呢？"猴子和袋鼠无法回答这个问题。这时，啄木鸟从远处飞来，说道："这是重力的原因，物体的质量越大，它受到的重力就越大。很明显，大象的质量比你们两个加在一起的质量还要大很多，所以它受到的重力最大，自然就不能像你们那样轻轻松松地跳到山坡上。"

袋鼠和猴子这才恍然大悟，它们看着大象委屈的表情，安慰道："别怕，我们不会丢下你的。"在猴子和袋鼠的帮助下，大象终于爬上了山坡。

探险之旅结束后，它们学到了很多知识，体会到了团结的力量，同时感叹大自然的神奇。

科学课堂

不倒翁之所以不会倒下，是因为人们把不倒翁的肚子制作得又大又圆，重心很低，所以当它向一边倾斜时，其重心和桌面的接触点不在同一条直线上，在重力的作用下，它就会立起来。

奇妙的浮力

浮力指物体在浸入流体（液体和气体）内部时，所受到流体竖直向上的作用力。

星期天，小如写完作业，感觉有点儿无聊，于是想制作肥皂泡泡来玩。她先兑好了肥皂水，然后找出一个塑料管放进装有肥皂水的瓶子里蘸了一下，用嘴轻轻一吹，一串串泡泡便从塑料管里飞了出来，十分漂亮。

小如越吹越起劲儿，但她发现，原本上升的肥皂泡泡会像下雨一样往下落，这到底是怎么回事呢？

她跑过去问妈妈，妈妈想了一会儿，说："这可能和热气球的原理一样，因为热气球也是先上升后下降。"小如听得稀里糊涂，并不明白妈妈说的热气球原理。

第二天，小如带着昨天的问题，找到了科学老师。科学老师听完小如的提问，便开始解答："肥皂泡泡刚被吹出来的时候，它里面是你从嘴里吹出的热空气，肥皂膜会将这个热空气与外界隔开，这样肥皂泡泡里面的空气温度就会高于外面空气的温度。肥皂泡泡内气体的密度就会小于外面空气的密度，根据阿基米德原理可知，此时肥皂泡泡受到的浮力会大于它受到的重力，所以它会上升。但是，肥皂泡泡在上升的过程中，里面的温度会不断下降，根据热胀冷缩的原理，肥皂泡泡的体积会越来越小，那么它受到的外界空气的浮力也会逐渐变小，但它的重力是不变的，此时重力就会大于浮力，肥皂泡泡就会下降啦。"

知道答案后，小如非常开心。她学习到了浮力的知识，还积极地与其他同学分享肥皂泡泡里面的"学问"。

科学课堂

公元前245年，阿基米德发现了浮力原理，并将浮力的公式定为 $F_浮 = G_排$，公式的意思是物体所受的浮力等于物体下沉静止后排开液体的重力。由此推导出 $F_浮 = \rho_液 g V_排$，$\rho_液$ 是液体的密度；g是一个常数，即重力与质量的比值，$g = 9.8 N/kg$；$V_排$ 指排开液体的体积。

神奇的摩擦力

摩擦力是指两个相互接触的物体，当它们发生相对运动或具有相对运动趋势时，在接触面上产生阻碍相对运动或相对运动趋势的力。

在动物王国里，很多动物都身怀绝技，比如在房顶上跑的壁虎、用鼻子喝水的大象等。

有一天，动物王国里的小动物们正在上课，袋鼠老师在讲台上滔滔不绝地讲着科学知识，讲台下的小动物们都聚精会神地听袋鼠老师讲课，正在这时，山羊忽然说："老师快看，壁虎又在房顶上听课。"

班上的小动物们对壁虎在房顶上听课这件事情已经见怪不怪了，但是小猴子是第一次来上课，看到壁虎这样的行

为担心不已，紧张地说："壁虎你快下来，万一掉下来，你会受伤的。"

小猴子扫视了周围，发现没有空座位了，抬头看着壁虎说："我看没有座位了，你快下来，我们坐在一起听课，这样你就不用在房顶上听课了，这样实在是太危险了。"

壁虎不以为意地说："放心吧，我是不会掉下来的，不仅如此，我还能在墙壁上行走自如呢。"

小猴子听到壁虎的话惊讶极了，歪着头问袋鼠老师："老师，壁虎在房顶上为什么不会掉下来呢？"

袋鼠老师说："这是因为壁虎的脚掌上长满了细毛，这些细毛具有很强的黏性，且吸附力很强，再加上墙的摩擦力，这样一来，壁虎就不会掉下来啦。"

小猴子恍然大悟地说："哦，原来是这样！我的知识储备实在是太少了，我还以为壁虎会有危险，原来壁虎还有这样的技能，真是太神奇了。"

科学课堂

人走路时，鞋底向后会对地面施力，而鞋底花纹与地面的摩擦力产生了向前的力，所以人才能正常行走。汽车轮胎也运用了同样的原理。

奇妙的平衡力

几个力作用在同一个物体上，如果这个物体处于静止状态或匀速直线运动状态，则这几个力的合力为零，我们就说这几个力平衡。

老虎和狮子都是动物王国里有名的"大力士"，它们都想要争夺第一的宝座。这一天，它们找到猫头鹰，想让它来当裁判。猫头鹰站在枝头说："好哇，那现在我来说一下比赛的规则。你们分别站在中间线的两边，各拉住绳子的一端，绳子上的红绸缎被拉到谁站的一边，谁就获胜。"

比赛刚开始，老虎一边费力地拉住绳子，一边说："我要先保留力气，不能一下子把力气用完。"

狮子同样说："我也不想刚开始时就使出全力，免得到时候吃亏。"

就这样僵持了几分钟，绳子上的红绸缎始终没有过线，一旁观看比赛的猴子说："为什么比赛一直没有分出胜负呢？"

猫头鹰解释道："这是因为老虎和狮子使出的力是相同的，这样就使得绳子一直处于受力平衡状态，所以很难分出胜负来。"

为了赢得比赛，老虎猛地使出了最大的力气，终于获得了胜利。

狮子委屈地说："刚开始时我和老虎明明使用了相同的力气，为什么最后我却输了呢？"

猫头鹰说："虽然刚开始你们使出的力气相同，不分上下，但是后来，老虎使出了最大的力气，打破了力的平衡，如此一来，老虎就获得了胜利。"

站在一旁的猴子安慰说："比赛的输赢并不重要，重要的是你亲身感受到了力的平衡状态，我们大家也学到了平衡力的知识。"

老虎、狮子和猫头鹰纷纷点头表示认同。

科学课堂

杂技演员在走钢丝的时候，受到风等因素的影响，身体会晃动，所以为了维持身体平衡，他们手里常常要拿一根长竿。

发生形变的弹力

具有弹性的物体受外力作用产生形变后，若撤去外力，使物体能恢复原来形状的力，叫作弹力。弹力的方向跟外力的方向相反。

弹簧天生好动，性格活泼，是典型的欢乐派，小熊却十分稳重，虽然它们两个的性格完全相反，却不影响它们之间的友谊。

阳光明媚的一天，弹簧对小熊说："我们去公园散步吧。"

小熊说："好哇，正好可以呼吸一下新鲜空气，放松一下。"

弹簧和小熊一路上说说笑笑，非常开心。忽然，从远处传来了一阵孩子的哭声，它们循着哭声往右一看，原来是一个小男孩的风筝挂到了树枝上，他眼泪汪汪地走到小熊和弹簧面前，说："你们可以帮我把挂到树上的风筝取下来吗？"

弹簧说："当然可以了，我的弹跳力可是很强的。"

小熊说："我目测一下，你离树上的风筝最少有5米远，你确定能跳那么高吗？"

弹簧犹豫了一下说："啊，这么高，恐怕有点儿困难，这可怎么办呢？"

看着小男孩期待的眼神，弹簧说："无论如何，我一定会使出全身力气的。"

弹簧用尽全身力气，奋力一跳，从树上取下了风筝。小男孩和小熊纷纷为弹簧鼓掌。

最后小男孩拿着风筝表示感谢后高兴地走了。

科学课堂

使用弹簧测力计测量弹力时，挂在弹簧测力计上的物体的重力不能超过弹簧测力计的量程，否则弹簧就会受损，弹簧测力计也会失效。

好玩的科学实验

难舍难分的两条毛巾

游戏准备

两条毛巾

游戏步骤

1 将两条毛巾铺开放在桌子上，使边缘处重叠4厘米左右。

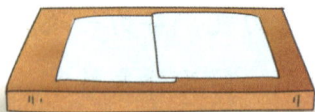

2 将重叠部分弄出像折扇一样的褶皱，并用拇指和食指将褶皱处捏住。

3 请搭档抓住毛巾的两端用力往两边扯。搭档很难扯开毛巾。

第四章

奇妙无比的声学

能听到的声音

声音是物体振动产生的声波，是可以通过介质（空气、固体、液体等）传播并能被人或动物的听觉器官所感知的波动现象。

为了使小夏养成看新闻的习惯，每天晚上7点，爸爸都会陪小夏一起看新闻。一天，小夏和爸爸吃完晚饭坐在电视机前看《新闻联播》，在这天的播报中，某个地方发生了地震，房倒屋塌，伤亡惨重。《新闻联播》里播放着救援的场面，眼前的一幕幕让小夏忍不住感叹："这样的画面实在是太让人心痛了，要是世界上没有地震该多好哇，这样大家就不用遭受这样的苦难了。"

小夏的爸爸点头表示赞同，他紧接着说："小动物们是可以预测地

震的。"

听到爸爸的话，小夏惊奇地问："爸爸，小动物们真的可以预测地震吗？"

爸爸说："是啊。"

小夏紧接着又问："那小动物们为什么能预测地震呢？它们的这种技能是与生俱来的吗？"

爸爸说："因为在地震发生时，地面内部会产生震动，这时候就会产生声音，人们把这种声音叫作地声。小动物们对地声非常敏感，当听到这种声音，它们会有一些反常的行为，人类可以根据小动物们的这些反常行为来预测地震。"

小夏自言自语道："原来小动物们还有这样的本领啊。"

爸爸说："对呀。"

 科学课堂

我们的耳朵除了能听到声音以外，还与人体平衡密切相关。内耳中的前庭可以感受头部位置的变化和直线运动时速度的变化，内耳中的半规管可以感受到头部的旋转变速运动，感受到的这些刺激传达到大脑以后，就会引起一系列反射来保持身体的平衡。

声音的传播

声音必须通过介质来传播，介质可以是空气、水、固体。在不同的介质中，声音的传播速度也不同。在真空中，声音不能传播。

强大的声音王国每年都会举行一场运动会。在这次运动会中，声音1号和声音2号是冠军的有力竞争者，它们将通过跑步来一决高下，但是它们需要借助音叉才能参加比赛。

风伯伯是这次比赛的裁判，地上的小草问："风伯伯，声音为什么需要借助音叉才可以参加比赛呢？"

风伯伯说："因为音叉不断地撞击地面后会发生振动，只有这样才能产生声音哪。"

伴随着欢呼声，比赛开始了。音叉1号和音叉2号不断地撞击地面，声音1号和声音2号一直在1号跑道奔跑，随着时间的推移，音叉2号实在是没有力气了，它气喘吁吁地说："声音2号，我没有力气了，没办法动了。"

声音2号着急地说："不要停啊，你停下来我就会消失，我消失的话还怎么赢得比赛呀。"

突然声音1号跑到前面去了，它得意地说："哈哈，我马上就要赢了。"

这时音叉2号突然站起来说："我还能动。"随后声音2号突然加快了速度。

到了2号跑道，声音1号不小心跑进了真空环境中，而声音2号还是在空气中奔跑，在真空中的声音1号怎么也跑不动。

小草激动地说："风伯伯快看，声音2号超过声音1号了，可是为什么声音1号突然跑不动了呢？"

风伯伯说："声音在传播的过程中需要介质的帮助，如果没有介质的帮助，声音是无法传播的，而真空环境中没有介质，所以声音1号就跑不动了。"

小草恍然大悟："原来是这样啊。"

最后，声音2号赢得了比赛。

科学课堂

声音的传播需要两个条件：物体振动和介质，缺一不可。如果将播放音乐的手机放在一个密闭的空间中，抽去空气形成真空，那么我们就听不到声音了。

作用多多的超声波

超声波是一种机械波，它的波长非常短，在空气中，超声波的波长一般短于2厘米。超声波只能依靠介质进行传播，无法存在于真空中。

天，爸爸坐在昊昊身边，说："昊昊你想要个弟弟还是妹妹？"

"小红有一个妹妹，她们每天都在一起玩，我很羡慕她们，所以我也想像小红一样有一个可爱的妹妹。"昊昊说，"如果我有一个妹妹的话，我会每天都带着她出去玩，好好保护她，一定不会让她受伤。"

爸爸笑着对昊昊说："妈妈有了小宝宝，你很快就会有弟弟或妹妹了。"昊昊听到后高兴地跳了起来，从此以后每天都跟在妈妈身后。

周日是妈妈产检的日子，爸爸因为工作太忙，只能把妈妈送到医院，没办法陪妈妈做产检了，昊昊自告奋勇地说："我陪妈妈去，爸爸就放心吧。"

爸爸摸着昊昊的脸，说："昊昊真棒，那妈妈就交给你了。"

到了医院以后，昊昊和妈妈等了好久，终于等到了给妈妈体检的医生，昊昊扶着妈妈进了B超室后就出来了。过了一会儿，妈妈出来了，昊昊贴心地为妈妈送上了一杯热水，问道："妈妈，您感觉怎么样？"

妈妈笑着对昊昊说："挺好的，一切顺利。"

昊昊说："那就好，真的好期待弟弟或妹妹的出生。"

妈妈说："昊昊放心吧，医生说宝宝很健康，现在医疗技术好，我们不用担心。"

昊昊继续说："妈妈，B超检查身体的原理是什么？好神奇呀。"

妈妈回答："B超就是超声波检查，超声波是一种频率很高的声波，它具有很好的方向性和较强的穿透性，

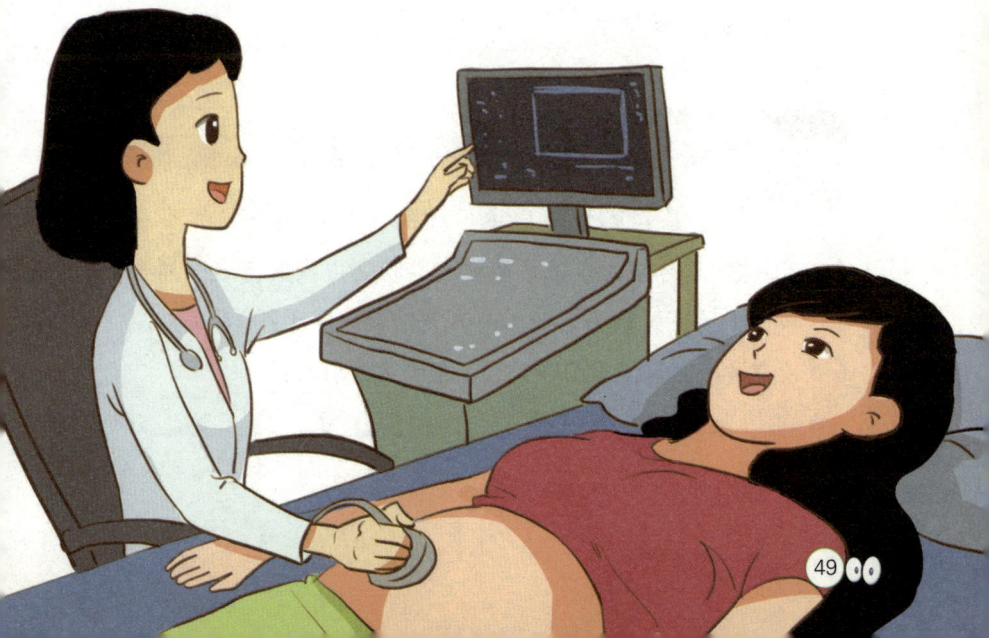

能够获得比较集中的声能，被广泛应用在医学上。"

昊昊问："原来超声波是一种声波呀！"

妈妈回答："是啊，超声波是声波的一种类型，属于机械波。"

昊昊再次提出问题："妈妈，超声波只能应用在医学上吗？"

妈妈说："当然不是了，超声波的应用非常广泛，它可以用来测量距离和速度，还可以用来清洗、焊接、杀菌消毒等。"

昊昊惊讶地说："原来超声波有这么多用处哇！"

妈妈摸着昊昊的头说："是啊，等你长大了，还会知道更多的知识。"

昊昊对妈妈说："妈妈，您放心吧，我一定会好好学习各种知识的。"

科学课堂

声波是在弹性介质中传播的一种机械波。频率在20~20000赫兹的声波才能被人耳识别，我们把这一频率范围内的声波称为声音。超声波的频率高于20000赫兹，次声波的频率低于20赫兹，一般都无法引起我们的听觉。

有害的次声波

次声波是频率小于20赫兹的声波。次声波的特点是不容易衰减，不容易被水和空气吸收，波长很长，所以次声波能够绕开某些大型障碍物发生衍射。

星期天，爸爸妈妈体检回来，刚到家门口，姜晓就着急地问："都做了什么检查？检查结果出来了吗？你和妈妈的身体怎么样？"

爸爸说："我没有什么问题，你妈妈通过 B 超检查后，发现身体有一点问题，但是只要好好调理就没事了。"

姜晓说："那就好。"

然后转过身对妈妈说："妈妈，您以后一定要注意身体。"

妈妈摸着姜晓的头，说："知道了，晓晓放心。"

姜晓对爸爸说："我听老师说过，B 超就是超声波，它可以用来检查身体。有超声波，那是不是也有次声波呢？次声波是用来做什么的呢？"

爸爸说："当然有次声波。次声波可不像超声波那样应用在多个领域，它有一定的危险性。"

姜晓惊讶地问："次声波有什么危险呢？"

爸爸说："我们来了解一下次声波。次声波是频率小于20赫兹的声波。某些频率的次声波和人体器官的振动频率非常相近，甚至相同，这样就很容易和人体器官产生共振，从而对人体造成伤害，严重时可危及人的生命。"

姜晓说："原来次声波的危害那么大呀。"

妈妈在一旁补充道："地震或核爆炸所产生的次声波能够将岸上的房屋摧毁，而一定强度的次声波，会让人感到头晕、呕吐、恶心等。"

听到爸爸妈妈的话后，姜晓忍不住说："原来超声波和次声波有这么大的区别，看来以后我要好好学习科学知识了。"

科学课堂

由于次声波能够对人体造成危害，所以世界上许多国家已明确将次声波列为公害之一。各国从声源、传播途径等方面入手，防止次声波危害人类。

降低声音的吸声

吸声是声波通过介质或入射到介质表面上时声能量减少的过程。这主要是因为介质的黏滞性、热传导性和分子弛豫过程，使有规律的声运动能量不可逆地转变成了无规律的热运动能量。

为了缓解学生们的学习压力，学校决定举办一场音乐会，每班推荐8名学生来排练一首歌，到时候在音乐厅进行表演。音乐会还有两天就要开始了，学生们都在努力地练习。

这天中午，班主任带领自己班的学生在音乐厅排练，学生们陆续走进音乐厅，映入眼帘的是舞台上厚厚的帷幕，排在最后的鹏鹏问："老师，音乐厅为什么要挂厚厚的布哇？"

班主任走到鹏鹏身边说："这个叫帷幕，悬挂它是为了吸收后台的杂音。"

鹏鹏疑惑地说："原来声音还可以被吸收哇。"

鹏鹏刚想问下一个问题，班主任就催促道："快跟上，你和前面的同学都拉开一大截距离了。"

鹏鹏赶紧追上前面的同学，排练结束后他走到班主任身边说："老师，我又发现一个问题。"

班主任问："什么问题？"

鹏鹏指着音乐厅的顶部说："为什么我们的音乐厅顶部非常不平滑？"

班主任说："这是为了吸收音波，你之前看到的厚厚的布，也是为了吸收音波。"

鹏鹏又问："为什么要吸收音波？"

"如果不吸收音波的话，我们音乐厅后台的声音、台下观众发出的声音都会混合在一起，这样就会盖住你们唱歌的声音。如果把这些混乱的音波吸收掉，那么就只剩下你们唱歌的声音了，这样每位观众都可以听到你们的歌声了。"

鹏鹏说："原来是这样啊，怪不得后台的声音都'消失'了。"

科学课堂

柔软、粗糙或者是多孔的物体可以吸收声音；墙体、山岩等坚硬、凹凸不平的物体可以反射声音。

能反弹的回声

声波在传播的过程中，碰到大的反射面（如建筑物的墙壁等）时就会发生反射，人们把能够与原发声区分开的反射声波叫作回声。

熊博士带领松鼠和猴子开启了夏季丛林探险活动，它们走到一个山洞的时候，猴子往后一看，发现松鼠走丢了，这可把它急坏了，往回走了很久都没有发现松鼠的踪迹。

猴子自言自语："这可怎么办，我把松鼠弄丢了，唔——"话刚说一半猴子就哭了起来。

熊博士安慰猴子："不要着急，我们回到之前的那个山洞里找一找。"

猴子着急地说："可是我们刚从那个地方回来啊，松鼠怎么会在那里。"

熊博士说："我想到了一个找松鼠的好办法。"

猴子睁大眼睛说："什么办法？"

熊博士只是笑笑，并没有回答它的问题，走到山洞里时，熊博士微笑着对猴子说："你在这个洞口大声地喊松鼠。"

猴子说："这里这么封闭，松鼠肯定听不到。"

熊博士说："你喊一下就知道了。"

"松鼠，你在哪里？快回来——"猴子刚喊完，它的声音就回荡在整个山洞中。

猴子惊讶极了，说："熊博士这是怎么回事，我明明只喊了一声，为什么山洞里会有这么多遍我的喊声？"

熊博士说："因为回声啊。"

猴子问："回声？"

"对呀，当你的喊声触碰到洞穴的石壁时，它就会被反弹回来，再次到达我们的耳中，这就是声波的反射引起的声音重复。"熊博士微笑着说。

猴子说："原来是这样啊，那松鼠能听到我的声音吗？"

熊博士说："我们和松鼠分开的时间并不长，所以，它肯定就在我们附近。"

话音刚落，熊博士和猴子就听到了松鼠的声音：

"熊博士、猴子，我在这儿，你们在哪儿？"

猴子激动地看向熊博士："您说得果然没错。"随后它赶紧回复："松鼠，我们在一个山洞里，你别动，我们去找你。"

另一头的松鼠说："好的，我在瀑布旁边，你们一定要来找我呀。"

熊博士对猴子说："我知道瀑布在哪儿，来的时候我看到了。"

熊博士和猴子就立刻动身去找松鼠了，按照熊博士指的路，果然找到了松鼠，松鼠一把抱住熊博士和猴子说："你们终于来了！"

它们三个继续探险，虽然困难重重，但是它们无所畏惧，勇敢地应对挑战。

科学课堂

第二次世界大战期间，战争促进了声呐装置（利用声波在水中的传播和反射特性，进行水下探测的设备）的发展。战争结束后，人们尝试用军舰上的声呐来探测鱼群。军舰上的声呐不仅能探测到鱼群，还能分辨出鱼的种类和大小。后来，人们在这个基础上研制出了各种鱼探机，促进了渔业的发展。

与众不同的音色

音色是指不同的声音在波形方面与众不同的特性，这是因为不同的物体振动都有不同的特点。

暑假的一天，青青正在客厅看电视，妈妈在厨房做饭。突然，青青听到楼道里面有人在说话，于是凑近门口去听，她听到一个男人说："最近东街开了一家饭店，吃过的人都说非常好吃，我一直没有机会去，什么时候有时间了我们去个饭。"

另外一个男人说："好哇，我也听说那家饭店的菜挺好吃。"

然后传来一个女人的声音："吃饭、玩闹可以，可不能喝酒，喝酒太容易出事了。"

听到这里，青青跑进厨房对妈妈说："妈妈，在楼道里说话的肯定是隔壁小明的爸爸及楼上小墨的爸爸和妈妈。"

妈妈笑着说:"想不到你还挺细心的,隔着门你都能知道是谁在说话,你怎么知道是他们呢?"

青青说:"因为他们说话的声音都不一样,就像我们两个的声音也不一样。"

妈妈说:"我们青青听得真仔细,正是因为每个人的声音都不同,所以我们能很快分辨出说话的人是谁。"

青青接着问:"为什么每个人的声音都不一样呢?"

妈妈摸着青青的头说:"因为音色不同啊。"

"音色?"青青问。

妈妈说:"音色是由发音体的性质决定的,也就是振动体的振动规律,发音体不同,振动的规律也不同,这样就形成了不同的音色。"

青青说:"原来我是通过音色来分辨他们的呀。"

科学课堂

因为每个人的声带和共鸣器官的结构特征不同,所以振动时发出的音色也不同,因此,世界上有相同音色的概率非常低。

好玩的科学实验

声音也能吹蜡烛

游戏准备

一个未充气的气球　一根蜡烛　一个硬纸筒

两根皮筋　打火机或火柴　一把剪刀

钉子或大头针

游戏步骤

1. 用剪刀从气球上剪下两片圆片，包裹住硬纸筒的两头，用皮筋绑紧。

2. 用钉子或大头针在硬纸筒一头的圆片的中间位置扎一个小孔。

3. 用打火机或火柴点燃蜡烛。

4. 将硬纸筒有小孔的一面对准点燃的蜡烛。用手反复敲击硬纸筒的另一面。硬纸筒发出声音，随后蜡烛熄灭了。

第五章

令人生畏的电学

神奇的电

电是指静止或移动的电荷所产生的物理现象，是像电子和质子这样的亚原子粒子之间产生的排斥力和吸引力的一种属性。

小强在电视里看到消防员们奔走在各个火灾现场救火，每次看到这样的情景，小强既敬佩消防员们的勇敢，又为那些因为失误而导致失火的人而生气。

有一天，外面传来了一阵消防车的警笛声，小强和妈妈推开窗户一看，楼下站着好多人，原来是隔壁楼着火了，幸好火势不大，消防员来得也非常及时，很快就把火扑灭了，没有人受伤。

小强想到这样的场景总是在电视里看到，在现实生活中从来没有见过，所以就拉着妈妈下楼去看。

在小强的要求下，妈妈同意带小强去看，正好可以了解一下火灾的原因，以此来教育小强引发火灾的事情不能做、引发火灾的东西不能碰。

就在这时，爸爸从外面回来了，小强刚想说这件事，爸爸开口说："我已经知道这件事情了。"

小强气鼓鼓地说："我还没有说话，您怎么知道我要说什么？"

爸爸笑着说："我刚从隔壁那栋楼过来，肯定知道啊。"

小强说："好吧，那您知道是怎么回事吗？是谁家不小心引发了火灾呢？"

爸爸坐下说："是隔壁楼一家住户的热水器短路了，然后引起了火灾。"

妈妈说："原来是电引起的祸端哪。"

爸爸语重心长地说："电虽然为我们的生活带来了便捷，但也很危险，还是要小心用电。"

科学课堂

约瑟夫·普利斯特里在一次实验中发现：在带电金属容器的内部，电的作用力为零。从这次实验结果中，他准确地猜测出所有带电的物体作用于彼此之间的吸引力与万有引力遵守同样的定律。1785年，查尔斯·库仑证明了这一猜测，奠定了静电的基本定律。

能测量的电流

电磁学上把单位时间里通过导体横截面的电量叫作电流强度，简称"电流"。电流符号为I，单位是安培（A），简称"安"。

电流和水流虽然叫法相似，但它们的来源不同，特性和作用也不相同。水流从发源地出发，直奔大海，只能向前行走，不能后退；而电流的发源地是电源，只有在闭合电路中才能产生电流。

有一天，水流在流入大海的路上，遇见了水草，水草说："你们水流只知道一个劲儿地往前冲，连个像样的测量工具都没有。"

水流解释道："我们的队伍庞大，不需要测量工具。"

水草捧腹大笑道："电流就有特定的测量工具，肯定是人类不重视你们，所以你们才没有。"

水流听后非常不服气，于是找到了电流，气冲冲地说："你们有什么强大的功能是我们水流比不了的，凭什么你们有测量工具，我们没有！"

电流解释说："因为我们在不同的电路中有着不同的规律，所以才会有测量工具。"

水流问："什么规律？"

电流微笑着说："在串联电路中，我们电流处处平等；在并联电路中，干路电流等于各支路电流之和。"

水流说："怎么这么复杂？"

电流说："对呀，你们水流只需要往前走就可以了，所以不需要测量工具，因为我们有这些复杂的规律，所以就需要测量工具，而且在工作中要万分小心，否则就会出现事故。"

水流顿时不生气了，心想："原来我们才是最轻松的。"

科学课堂

乔治·西蒙·欧姆是德国著名的物理学家，他首次使用查尔斯·库仑的方法制造了电流扭力秤，并用此来测量电流的强度，然后准确定义了电动势、电流强度和电阻。

让人烦恼的静电

静电是一种处于静止状态的电荷。当电荷聚集在某个物体上或表面时就形成了静电，根据电荷的不同分为正静电和负静电。

清早，爱美的小冰穿上了妈妈给她买的新毛衣，刚要往头上套，就听见小冰大声喊："妈妈，我的毛衣着火了。"

听到声音的妈妈赶紧跑来，只见毛衣被小冰扔在了地上，她躲在被窝里不敢出来。看到此情此景，妈妈拿起毛衣，走到小冰身边，对小冰说："小冰别怕，你起来看看，毛衣并没有着火，你的毛衣好好地在妈妈手里呢。"

小冰小心地把头从被窝里探出来，看着妈妈手里的毛衣说："我刚才明明看到毛衣着火了，难道是我眼花了吗？"

妈妈说："你没有眼花，

毛衣确实'着火'了，不过只是毛衣摩擦产生静电后出现的火花，并不是真的着火了！"

小冰吓坏了，问："这究竟是怎么回事呢？"

这时，爸爸走过来说："小冰快来，爸爸给你变个魔术你就知道是怎么回事了。"

只见爸爸拿着一把梳子不停地在毛衣上摩擦，又将其靠近纸屑，不一会儿便出现了一个神奇的现象：纸屑全都吸附在梳子上了。

爸爸笑着说："其实，梳子吸附纸屑的现象和毛衣'着火'的原理是一样的，都是摩擦产生静电的结果。静电的现象有很多，比如和对方握手时，有时指尖会有刺痛感；早上起来梳头时，头发会飘起来。"

小冰感叹道："原来握手还会产生静电呢，看来以后要小心一点儿了。"

科学课堂

静电有很多危害，在印刷行业中，如果纸页之间有静电，那么纸页就会粘在一起，给印刷带来麻烦；在制药厂中，由于静电会吸引尘埃，这样就会使制成的药品达不到标准的纯度；等等。

能存电的电池

电池指盛有电解质溶液和金属电极以产生电流的杯、槽或其他容器或复合容器的部分空间，是能将化学能或光能等转化成电能的装置。

星期日上午，登登正在房间上网课，突然对爸爸说："爸爸，家里有电池吗？"

正在看电视的爸爸走过来问："怎么了？要电池干什么？"

登登说："我正在上网课，无线鼠标上的电池没有电了，我没有办法上课了。"

爸爸移动了一下鼠标，发现确实没电了，就对登登说："别着急，先等会儿，我给你妈妈打个电话，她应该还在外边，我让她带几节电池回来。"

登登回答：

"嗯，好。"登登一边应着，一边还在使劲地晃动鼠标。

登登扭过头来问："爸爸，电池的工作原理是什么呢？电是怎么被储存进去的呢？"

爸爸说："电池泛指能将化学能或光能等转化为电能的装置。化学能直接转变为电能是靠电池内部自发进行氧化、还原等化学反应的结果，这种反应是在电池的正极和负极上进行的。"

爸爸继续说："电池的性能参数主要有电动势、电阻、容量、比能量。电池作为能量来源具有很多优点，如稳定的电压和电流，能够长时间稳定供电，电流受外界影响非常小，性能稳定可靠，结构简单、轻巧，携带方便，充放电操作简便易行，不容易受到外界气候和温度的影响。电池在生活中发挥了很大的作用。"

登登说："是的，电池的作用非常大，你看，没有了电池我都没有办法上网课了。"

过了一会儿，妈妈拿着电池回来了。登登换上新电池，刚想把旧电池扔到垃圾桶里。爸爸制止他说："电池属于有害垃圾，在分类时应该格外注意，不能和其他垃圾放在一起。"

登登问："爸爸，废旧的电池都是怎么处理的呢？"

爸爸回答："我们国家有专门回收旧电池的机构，他们会将这些旧电池通过三种方法处理：一是固化深埋；二是存放于废矿井；三是回收利用。回收旧电池不仅处理了污染源，还实现了资源的再利用。"

登登忍不住感叹："原来废旧电池的回收还有这么大的学问呢。"

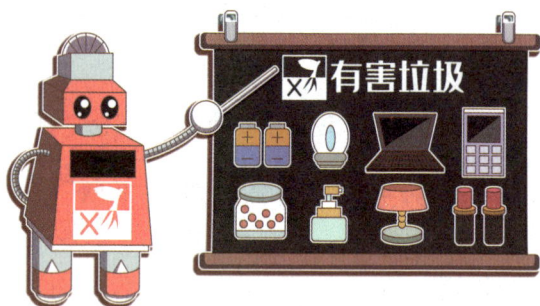

科学课堂

别看电池的"个头"非常小，它的危害却非常大。如今，我国已经成为电池生产和消费的大国，所以有效处理废旧电池污染是一项非常重要的工作。

可怕的触电

触电是指人体直接触及电源或高压电后，被较强电流通过，引起组织、脑和心脏等重要器官功能障碍的现象。

暑假的一天，梅梅找了她的好朋友小娟和小飞来家里玩。为了招待她们，梅梅的妈妈出去买零食，留她们三个在家玩耍。妈妈走的时候特意叮嘱："你们三个在家要小心一点儿，不要触碰电源，不要爬到窗户上面去，也不要去厨房。"没等妈妈说完，梅梅不耐烦地说："知道了妈妈，您快去吧，我们要看电视了。"

"啊！"正在看电视的小飞突然听到了梅梅的叫声。

小飞赶紧跑过去问："梅梅你怎么了？"

梅梅带着哭腔说："我刚才被电到了。"

小娟一听，大声说："哎呀，梅梅触电了！"

这个时候梅梅的妈妈从外面回来了，妈妈听到小娟的话赶紧返回屋里，跑到梅梅身边，说："怎么样，疼不疼？"

梅梅委屈地说："刚才特别疼，现在好多了。"

妈妈严肃地说："我走的时候怎么说的，不要触碰电源，我刚才摸你的手都是湿的，你是不是没有把手擦干就去摸电源插座了？"

梅梅点点头，然后妈妈又说："这是非常危险的举动，严重的话可能会危及生命。"

一旁的小飞和小娟听了梅梅妈妈的话，说："原来触电这么危险。"

梅梅妈妈又说："是啊，所以在日常生活中，你们都不要去随便触摸电，而且梅梅湿着手就去摸电源，更是错上加错，你们要以梅梅为戒，知道了吗？"

梅梅和伙伴们都意识到了自己的错误，连连点头，表示下次再也不会了。经过这次事件，大家都知道了电的危险，以后见到电都躲得远远的。

科学课堂

人体中含有大量具有导电性的水分子和金属粒子，再加上人体血液中铁元素含量高，所以人体在接触电场两个正负端点时就会在电场力的作用下形成电子，使电流流过人体，从而发生触电事故。

危险的雷电

雷电是雷鸣和闪电的合称，是伴有闪电和雷鸣的一种放电现象。

杰瑞的祖父正在田里干农活，这时忽然下起了大雨，天上电闪雷鸣。看到这种情况，杰瑞的祖父拼命地跑到一棵大树下躲雨，被雷电击中去世了。

从那以后，杰瑞的家里就有了一条规定：在下雨、打雷的时候谁都不准到外面去。

一天，杰瑞见爸爸在房顶上安装一个长长的针状的东西。

杰瑞奇怪地问："爸爸，你在房顶上安装的是什么东西？"

爸爸说："这是避雷针。"

杰瑞问："避雷针是做什么用的？"

爸爸说："我看天气预报说，今天会有雷雨天气。在雷雨天气，避雷针可以保护我们的房子避免雷击。"

杰瑞又问："避雷针是怎么防雷的呢？"

爸爸这时安装好了避雷针，他从房上下来后，对杰瑞说："在雷雨天气，天空的云层带有大量电荷，由于静电感应，避雷针上也会聚集大量电荷，避雷针与云层之间的空气就很容易被击穿而成为导体。云层与避雷针形成通路，云层上的电荷就会顺着避雷针导入大地。你看见这条接地的线了吗？"

爸爸指了指接在地上的引线，接着说："这样，我们的房子就不会被雷击了。"

杰瑞开心地说："原来它这么厉害呢。那安上

它，我们就不用害怕雷电了。"

爸爸说："这样还不够，在雷雨天气，我们也要尽量避免使用家用电器，把电源插头和信号插头都拔掉。"

"那我就不能看电视了。"杰瑞转念一想，说，"不过，家人的安全才是首要的。"

科学课堂

雷电的形成是正负电荷中和的结果。积雨云会产生电荷，但云上面和下面所带的电荷是不同的，底层为阴电（负电荷），顶层为阳电（正电荷），正电荷和负电荷相吸，产生巨大的电流，电子与空气分子剧烈碰撞而产生火花，因此形成了一道道耀眼的闪电。同时，电流生热，高热使空气膨胀而迅速移动，产生冲击波，因此形成雷声。

雷电发生时还会在地面产生正电荷，干燥的空气不会导电，但雨滴却是导电体，地面上的正电荷试图聚集到突起物上，如人、畜、建筑物、树木等，云层的负电荷也在试图向下伸展，最后它们克服空气阻碍连接上，产生雷击，危害地面的人和建筑物等。

好玩的科学实验

灯泡亮起来了

○ **游戏准备**

一节电池　一个带灯座的小灯泡　一根绝缘电线

一把钢丝钳　四个接线夹

○ **游戏步骤**

1　用钢丝钳将绝缘电线分为长度相等的两段。

2　分别将两段电线两端的绝缘塑料皮去掉，露出
里面的金属线。

3　用接线夹将两段电线分别连接好，一端连接电池，
一端连接灯座，形成闭合电路。小灯泡亮了。

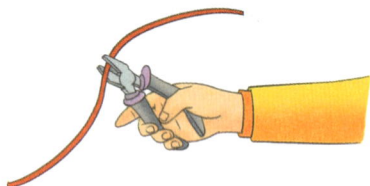

学习可以很有趣

哎！数学好简单

曲长军 ◎ 主编

三辰影库音像电子出版社
北 京

图书在版编目（CIP）数据

学习可以很有趣. 哇！数学好简单 / 曲长军主编
. — 北京 ：三辰影库音像电子出版社，2022.8
ISBN 978-7-83000-579-5

Ⅰ．①学… Ⅱ．①曲… Ⅲ．①小学数学课－教学参考
资料 Ⅳ．①G624

中国版本图书馆 CIP 数据核字(2022)第 075532 号

学习可以很有趣. 哇！数学好简单

责任编辑：蔡梦浩

责任校对：韩丽红

排版制作：文贤阁

出版发行：三辰影库音像电子出版社

社址邮编：北京市朝阳区东四环中路 78 号 11A03，100124

联系电话：（010）59624758

印　　刷：北京云浩印刷有限责任公司

开　　本：880mm×1230mm　1/32

字　　数：256 千字

印　　张：10

版　　次：2022 年 8 月第 1 版

印　　次：2022 年 8 月第 1 次印刷

定　　价：68.00 元（全 4 册）

书　　号：ISBN 978-7-83000-579-5

亲爱的小读者们，你发现学习中的乐趣了吗？如果还没有发现，不妨打开这本书看看吧！也许它会给你带来惊喜！

在课堂上，晦涩难懂的语文知识，望而生畏的数学题目，枯燥乏味的历史文化，高深莫测的科学技术……可能会让你感觉毫无快乐可言。其实，当发现各个学科的魅力后，你会觉得这些知识是有灵动鲜活的一面，就能感受到学习是一件很有趣的事情。

为激发小读者们的学习兴趣，我们编写了这套《学习可以很有趣》。本套书摒弃严肃的说教风格，采用趣味十足的小故事，对语文、数学、历史、科学四个学科的典型知识进行了通俗易懂的讲解，从不同角度呈现出这些学科生动、有趣的一面。本套书内容丰富、语言诙谐、版式新颖、插图活泼，可为小读者营造轻松愉快的学习氛围，让小读者尽情地遨游在知识的海洋里，增长知识、开阔视野、启迪智慧。

小读者们，赶快翻开这本书吧。相信这本书会是你开启快乐学习之门的金钥匙，成为你学习的好伙伴！

目录 MULU

数字的多彩

地位很高的零

> "零"写作"0"，它是整数，是最小的自然数。零既不是正数也不是负数，而是它们的分水岭。

在很久以前，人们为了记下捕鱼、狩猎和采集果实的数量，逐渐产生了计数的需要。不过在实践中还经常出现没有物体的情况。为了表示"没有"，诞生了一个新的数——"零"，也写作"0"。约公元前2000年，古埃及人用一种特殊的符号表示零，而大约在同时期，古印度婆罗门教最古老的文献《吠陀》已有符号"0"的应用，表示无的位置。约公元5世纪时，古印度人发明了数字"0"，他们最早使用黑点"."表示零，后来就逐渐变成了"0"。

"0"是一个独立的数，它不仅能够表示"没有"，而且有完全确定的意义，在数学中起着重要作用。如：

（1）在多位数中起到占位的作用。如：205.08，表示十位和十分位上一个单位也没有；0.60为近似数

时，表示精确到百分位；7.00元表示单价为7元整。

（2）表示某些数值的界限。如："0"既不是正数，也不是负数，它在数轴上表示正数与负数的分界；在摄氏温度计上，"0"是零上温度和零下温度的界限，但0摄氏度并不代表没有温度。

（3）表示起点。如：在刻度尺上，刻度以"0"为起点；从城际公路上看，通常每隔1千米就会在靠近路边的地方竖一个里程碑，其中第一个桩子上刻的就是"0"，以此来标明此处是这段公路的起点。

在加减乘除的四则运算中，"0"有其特性。

（1）0和任何数相加都等于原来的数。如：6+0=6，0+28=28。

（2）任何数减去0都等于原来的数。如：3-0=3，57-0=57。

（3）相等的两个数相减，差是0。如：9-9=0，391-391=0。

（4）任何数与0相乘，积都是0。如：2×0=0，0×64=0。

（5）0除以任何非零实数，商都是0。如：0÷4=0，0÷876=0。

（6）0不能做除

学习可以很 有趣

数。因为所有自然数除以零，都不能得到确定的商。

如：8÷0，找不到一个数与0相乘能得到8。0除以0时

能得到无数个商，因为0与任何数相乘结果都是0，所

以像8÷0、0÷0这类都没有意义。

动动脑筋

利用0到5这6个数字，在每个小圆里填1个数字，

使围绕每个大圆的数值加起来都等于10。

答案

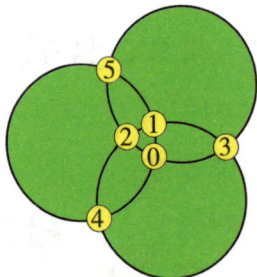

万数起始的"1"

1是一个自然数，是最小的正整数，也是最小的正奇数。1是一个有理数，是一位数。1既不是质数，也不是合数。

"1"是一个至高无上的数。它是万数之首，由它而派生出了整个数字世界。

当你打开《辞海》时，你会发现它的正文第一行的"一"字，解释是"数之始。人类为计数需要，首先有数目一"，意思就是："1"是数目或计数的开

始。孩子学数数，先数的肯定是"1"。

古老而庞大的自然数家族，最初是人类为了计数的需要，用来表示个数发明的数目，首先便有了数目一，之后逐次加一便得到了二、三、四、五、六、七、八、九、十……，即1、2、3、4、5、6、7、8、9、10……自然数最初定义时，只是正整数，所以自然数中最小的是1（后来随着数字0的普遍使用，在现代数学中，人们将0也归属于自然数了，即自然数是0+正整数，所以，现在0是自然数中最小的数）。

但是，在自然数中，你找不到最大的。如果你有兴趣的话，可以找一找试试。也许你认为可以找到一个最大的自然数n，但是，你立刻就会发现另一个自然数n+1，它大于n。这就说明在自然数家族中永远找不到最大的自然数。

动动脑筋

雷哲喜欢在闲暇时玩数独游戏，数独游戏的规则十分简单，但是解题的过程却是相当复杂的，下面的数独游戏确实让雷哲头痛了。

在每一小组九宫格中，用阿拉伯数字1到9填在9个方格中，在大的九宫格中，使之每一行都出现1、2、3、4、5、6、7、8、9，每一列也都有1、2、3、4、5、6、7、8、9，位置不限，无论行还是列，不能有重复的数字出现。

究竟应该如何排列呢？

答案

7	5	8	1	6	2	3	4	9
6	2	9	5	3	4	8	7	1
1	4	3	9	8	7	5	6	2
5	9	6	2	3	8	6	1	7
2	8	7	6	1	9	4	5	3
3	1	4	7	5	2	9	8	6
8	7	1	2	4	6	3	9	5
4	3	5	7	9	8	1	2	6
9	6	2	3	5	1	7	8	4

整数的出现

整数是正整数、零、负整数的集合。正整数，即大于0的整数。如1、2……直到n。负整数，即小于0的整数。如−1、−2……直到−n。0既不是正整数，也不是负整数，它是介于正整数和负整数之间的数。

公共汽车上，有一位年轻的妈妈抱着她的小宝宝坐在车窗边，她正在教她的小宝宝数数哟。她伸出1个手指问："这是几呀？"小宝宝望了望妈妈，答道："1。"妈妈伸出2个手指问："这是几呀？"小宝宝想了想，答道："2。"妈妈又伸出3个手指，小宝宝犹豫了好一阵，回答："3。"再伸出4个手指时，小宝宝答不出来了。在这个小宝宝看来，那些手指实在太多了，自己已经数不清了。其实，能数到3，对一个小宝宝来说，已经很不简单了。

要知道，学会数数，那可是人类经过成千上万年的奋斗才得到的结果。如果我们穿过时空隧道来到两三百万年前的远古时代，和我们的祖先——猿在一起，就会发现他们根本不识数，他们对事物只有"有"与

"无"这两个数学概念。猿类直立行走后，学会了手脚分工，通过劳动逐步学会使用工具与制造工具，并产生了简单的语言，这些活动使猿类的大脑日趋发达，最后完成了由猿到人的演化。这时的原始人虽没有明确的数的概念，但已从"有"与"无"的概念进化到"多"与"少"的概念了。"多、少"比"有、无"要精确。这种概念精确化的过程导致了"数"的产生。

远古的人类还没有文字，他们用的是结绳记事的办法。遇事在草绳上打一个结，一个结就表示一件事，大事打大结，小事打小结。这种用打结记事的方法就成了"符号"的先导。前辈拿着这根绳子就可以告诉后辈某个结表示某件事，这样代代相传，所以一根打了许多结的绳子就成了一本历史书。直到近代，居住在琉球群岛的土著还保留着结绳记事的方法。

又经过了很长时间，原始人终于从一头野猪、一只老虎、一把石斧、一个人……这些不同的具体事物中抽象出一个共同的数字——"1"。数"1"的出现对人类来说是一次大的飞跃。人类就是从这个"1"开始，又经过很长一段时间的努力，逐步地数出了"2""3"……对原始人来说，每数出一个数（实际上就是每增加一个专用符号或语言）都不是简单的事。直到近代，人们还在原始森林中发现一些部落，他们数数的本领还很低。例如，在一个马来人的部落里，如果你去问一个老人的年龄，他只会告诉你："我8岁。"这是怎么回事呢？因为他还不会数超过"8"的数。对他来说，"8"就表示"很多"。有时，他们实在无法说清自己的年龄，就只好指着门口的棕榈树告诉你："我跟它一样大。"

这种情况在我国古代也曾发生并在汉语中留下了痕迹。比如"九霄"指天的极高处，"九流"泛指各种流派、各种行业，或各种各样的人，这说明，在一段时期内，"九"曾用于表示"很多"的意思。

总之，人类由于生产、分配与交换的需要，逐步产生了"数"，这些数排列起来，可得1，2，3，4……10，11，12……这就是自然数列。

可能古人觉得，打了一只野兔又吃掉，野兔已经没有了，"没有"是不需要用数来表示的。所以"0"出现得很迟。据考证，我国古书中缺字时常用符号"□"代替，而古人用文字记载"零"表示"没有"时，也常用"□"代替，但古人用毛笔写字，方块难以写得很规则，就逐渐变成了按顺时针画的圆圈，"0"就这样诞生了。约公元3世纪，魏晋数学家刘徽注《九章算术》中，已经把"0"作为数字来使用了。

后来，由于实际需要又出现了负数。我国是最早使用负数的国家。西汉时期，我国就开始使用负数。《九章算术》中已经给出正负数运算法则。人们在计算时就用两种颜色的算筹分别表示正数和负数，而用空位表示"0"，只是没有专门给出"0"的符号。"0"这个符号，最早在公元5世纪由古印度人使用。到这个时候，"整数"才完整地出现了。

动动脑筋

请将所提供的几排数插入格子中适当的位置，使方格中每横排、纵列和对角线上的数相加的结果为175。例如：将(C)放入位置(a)。

			5			
			14			
			16			
49	41	33	25	17	9	1
			34			
			36			
			45			

a b c — d e f（左侧）　g h i — j k i（右侧）

A	B	C
46 38 30	31 23 15	22 21 13

D	E	F
37 29 28	40 32 24	20 12 4

G	H	I
11 3 44	35 27 19	2 43 42

J	K	L
6 47 39	26 18 10	8 7 48

答案

22	21	13	5	46	38	30
31	23	15	14	6	47	39
40	32	24	16	8	7	48
49	41	33	25	17	9	1
2	43	42	34	26	18	10
11	3	44	36	35	27	19
20	12	4	45	37	29	28

神奇的奇偶数

奇数就是在所有的自然数中，不能被2整除的整数，可表示为2n+1（n为整数）。偶数就是在所有的自然数中，能被2整除的整数，可表示为2n。0是一个特殊的偶数。

阿汤的家位于英格兰南部，居住条件优越。他非常喜欢研究奇偶数，人称"奇偶迷"。

他家客厅的墙壁上挂了很多镜框，镜框里分别写着1、2、3、4、5、6、7、8、9、10，不重不漏。当然，镜框里还配有赏心悦目的风景画，看起来极其吸引眼球。

阿汤想要找到和自己一样的"奇偶迷"，便用这10个数字出了一些题目，谁能答出这些问题，谁就能获取

10000英镑的奖金。阿汤的题目是：把镜框的挂法进行调整，使镜框中的2个奇数、1个偶数相加为10，但不能有相同的数，并总结共有几种拼法。这个消息一传出，很多人都来尝试。可是说来奇怪，这些镜框的脾气"犟"得很，就是不肯同这些人配合，那些数怎么也凑不出10来。

看到大家都没有找到答案，阿汤摇了摇头，以为不会有人答出来。当他决定自己来解答时，突然进来了一个少年。那个少年先将1挂在一旁，然后是3，最后把6挂上；1不变，3和6放回原处，随后把5和4挂上；1同样不变，5和4放回原处，随后把7和2挂上。最后一次，他把所有的数字都放回原处，把3摆在第一位，随后把5和2摆上。然后他思考了一下，说："阿汤先生，共有4种方法。"

阿汤高兴极了。从此，那个少年便和阿汤一起学习，探究奇偶数里的奥秘。

动动脑筋

这是一个非常有趣的数字谜题：数字1到9依次排列，请你根据需要在它们中间插入加减符号，可以用这9个数字组成其他数，使最后得数为100。注意，每个数字只能使用一次。你能至少想出3种解法吗？

$$1 \quad 2 \quad 3 \quad 4 \quad 5 \quad 6 \quad 7 \quad 8 \quad 9 = 100$$

1 2 3
4 5 6
7 8 9

答案

这个题目有多种解法，这里只给出3种：

$1+2+34-5+67-8+9=100$

$123-45-67+89=100$

$12+3-4+5+67+8+9=100$

质数与合数的谜题

一个自然数，只有1和它本身两个因数，这样的数叫作质数（或素数）。一个自然数，除了1和它本身还有别的因数，这样的数叫作合数。

在动物王国中，根据动物种类的不同，划分了很多独立的小国：狐狸国、狼国、松鼠国……每个小国需要选出一个最聪明的动物来当国王。

这天，松鼠国要选国王了。老虎是本次竞选国王活动的裁判。它设了一个迷宫，迷宫里面有两道门，门的开关由数学题目的答案控制，解开一道问题的答案，就能打开一道门。松鼠国里参加竞选的松鼠，只要能答对题目，打开两扇门，就能走出迷宫，被选为国王。

名叫万事通的松鼠是松鼠国有名的数学专家，对数学问题无所不知，这次它也来竞选国王了。

它在第一道门前遇到了第一个问题：写出1~20中

的质数和合数相加为20的两个数字。

万事通先写出1~20中所有的质数：2、3、5、7、11、13、17、19。

再写出1~20中所有的合数：4、6、8、9、10、12、14、15、16、18、20。

万事通刚要进行下一步，与它同行的松鼠问："1呢？为什么没有1呢？"

万事通说："因为1只有它本身这一个因数，所以1既不是质数，又不是合数。"

万事通又看了一眼数，将质数中的11与合数中的9写了上去，然后第一道门立刻打开了。

它们来到第二道门前，看到第二道题。这是个判断题：在所有的自然数中，偶数除了2以外，都是合数。

同行的小松鼠想选择"正确"选项，万事通及时制止了它。万事通说："0也是偶数。"同行的小松鼠不理解，于是向万事通请教。万事通说："来不及了，等出去再说吧！"它立刻选择了"错误"这个选项，嘴里还说着："正确的说法应该是在所有的自然数中，偶数除了0和2以外，都是合数。"

最后，万事通凭借自己聪明的头脑，走出了迷宫，当上了松鼠国的国王。

动动脑筋

请将以下100个数中3的倍数的合数涂成红色。

1	2	3	4	5	6	7	8	9	10
11	12	13	14	15	16	17	18	19	20
21	22	23	24	25	26	27	28	29	30
31	32	33	34	35	36	37	38	39	40
41	42	43	44	45	46	47	48	49	50
51	52	53	54	55	56	57	58	59	60
61	62	63	64	65	66	67	68	69	70
71	72	73	74	75	76	77	78	79	80
81	82	83	84	85	86	87	88	89	90
91	92	93	94	95	96	97	98	99	100

答案

1	2	3	4	5	6	7	8	9	10
11	12	13	14	15	16	17	18	19	20
21	22	23	24	25	26	27	28	29	30
31	32	33	34	35	36	37	38	39	40
41	42	43	44	45	46	47	48	49	50
51	52	53	54	55	56	57	58	59	60
61	62	63	64	65	66	67	68	69	70
71	72	73	74	75	76	77	78	79	80
81	82	83	84	85	86	87	88	89	90
91	92	93	94	95	96	97	98	99	100

查尔与大数

在日常生活和生产中，我们经常用到比万大的数。十个一万是十万，十个十万是一百万，十个一百万是一千万，十个一千万是一亿。

查尔是绿灯镇的一位卖布的职员，虽然并不富裕，但总算能解决温饱。可是他并不满足于自己所拥有的金钱。这一天，他来到老板放金币的仓库，拿了很多金币后逃跑了。之后他再也不干活了，整天大吃大喝，花钱大手大脚，还染上了赌博的恶习。没过几年，他就将金币挥霍得一干二净。

一天夜里，查尔又偷偷地来到老板的仓库里，只见他面前摆放着五个箱子，箱子里放的钱的数量分别是：10000、10万、5万、100万、1亿。查尔看到以后嫌弃地说："难道老板的家里也破产了？为什么钱那么少？"

查尔在仓库里转悠了半天都没有发现比"10000"还大的数，他只好抱起装有"10000"的箱子往外跑。谁知，查尔刚到仓库门口，就见老板带着警察来了。原来，老板早就打听到查尔将钱花光了，猜测他可能会再次来偷钱，于是早早地在大门上安装了报警系统，查尔一进仓库，老板就收到了报警信号。

警察将查尔用手铐铐了起来，查尔气愤地嚷道："放开我，他们家快破产了，家里就这点儿钱，穷鬼！"

老板笑着问："那你抱我家放钱的箱子干什么？"

查尔知道事情已经败露，大声说："你们家每个箱子最多才放10000，早知道这样，我才不来呢！"

老板大笑道："你这个傻瓜，我告诉你吧，10000那箱是最少的！10万、100万、1亿可比10000多多了。"

查尔一听顿时傻了眼："啊？我拿的竟然是最少的？10万、100万、1亿竟然比10000还要大？不可能！"

老板大声说："当然可能！你只靠数0的个数来计

算数的大小，真是太愚蠢了，有机会还是好好学学数学吧！"

就这样，贪婪而又自作聪明的查尔终于受到了惩罚。

动动脑筋

请以亿、万、千、百为单位来表示下列数。

215000000000

21600000

4000

80000

150000

400

答案

2150亿、15万、8万、4千、2160万、4百。

平均数的妙用

一组数据的总和除以这组数据的个数所得到的值，就叫作这组数据的平均数。

刘木头经营着一家小玩具工厂，工厂里的管理人员为刘木头、他的弟弟和其他6个亲戚，工作人员为5个领工和10个普通工人。这家工厂最近经营得风生水起，人手有些不够了，需要招募一个新工人。

这天，刘木头到人才市场招工，与一个名叫小齐的年轻人洽谈。

刘木头告诉小齐："我们这里的薪资待遇很不错，每周的平均薪金能达到300元。你在学徒期间的工资会少一些，每周只有75元，不过很快就能涨工资。"

于是小齐就到刘木头的工厂上班了，可上了几天班后，他突然要跟刘木头谈谈。

小齐生气地说："你骗我！我问过其他工人了，他们没有任何人的工资能超过每周100元，平均工资怎么可能达到一周300元！"

刘木头假笑着回答："别激动，别激动，慢慢说。咱们工厂的平均工资的确是300元，不信的话你可以亲自算一算。"

刘木头找出一张表递给小齐，说道："这是工厂每周付出的酬金的明细表。我的工资是2400元，我弟弟的工资是1000元，我的6个亲戚每人的工资是250元，5个领工每人的工资是200元，10个工人则是每人100元。工厂出的工资总共是每周6900元，一共付给23个人，没错吧？"

"是，是，是！你是对的，平均工资的确是每周300元。但你依然骗了我。"小齐愤怒地说。

刘木头说："这可不对！你自己也算了，我说的是实话呀！"

然后，刘木头得意扬扬地拍了拍小齐的肩膀，说："小齐呀，你的问题在于你根本不知道平均数是什么意思。怪不了别人！"

小齐气得简直说不出话来，最后，他一咬牙，说："好，现在我可明白了，我不干了!"

在故事中,狡诈的刘木头利用小齐对平均数的误解欺骗了他。小齐产生误解的原因在于他不清楚平均数的确切含义。

在数学中,"平均"这个词通常是"算术平均值"的简称。它是有重要作用的统计学的度量指标。可是,假如有几个很大的数,如故事中工厂里有少数薪资高的人,那么"平均工资"就会令人产生错误的感觉。

动动脑筋

你能将下面3个图形每个都分成大小完全相同的3个小图形吗?

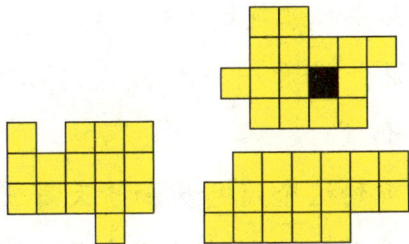

答案

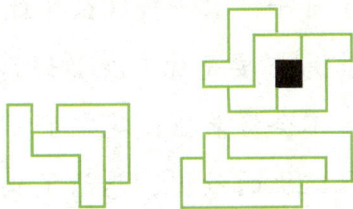

因数与倍数的应用

在整数除法中，如果商是整数而没有余数，我们就说除数是被除数的因数，被除数是除数的倍数。

在动物王国里，每个小动物都有自己的零花钱，小猴子也不例外。小猴子吃完早饭，站在妈妈旁边等着妈妈给零花钱，谁知等了好久也不见妈妈把钱包拿出来。小猴子急了，生气地说："妈妈，你今天该给我零花钱了！"

猴妈妈说："你看一下日历，按约定，后天才是发零花钱的日子。"

小猴子听到这个消息犹如晴天霹雳，"哇"的一下就哭了，嘴里还不停地埋怨自己："都怪我记性太差，竟然记错了日子，零花钱这么快就用完了。"

猴妈妈安慰说："要是你早就算好妈妈发零花钱的日子，那么你就不会提前把钱花完了。"

小猴子吸取这次的教训，总结了妈妈每次发零花钱的日子：5月1日，妈妈发了第一次零花钱，5月9

日，妈妈发了第二次零花钱，5月17日是第三次。

　　小猴子发现每次发零花钱的日子加上8就是妈妈下次发零花钱的日子，小猴子仔细算了一下8的倍数，分别是8、16、24……妈妈上次发零花钱的日子是5月17日，因此5月25日才会再发零花钱。小猴子懊恼极了，感叹为什么没有早点儿算出来。

　　小朋友，根据小猴子的推断，你知道猴妈妈第五次发零花钱是什么时候吗？

动动脑筋

　　请将右图中所标数字是12的因数的星星涂成绿色。

答案

初步认识负数

以0为分界点，比0大的数为正数，比0小的数为负数。0既不是正数也不是负数。

今天人们能用正负数来表示两种相反意义的量。例如，若以冰点的温度表示0℃，则开水的温度为+100℃，而零下10℃则记为−10℃。若以海平面为0点，则珠穆朗玛峰的高度约为+8848米，最深的马里亚纳海沟深约−11034米。在日常生活中，人们常用"+"表示收入，用"−"表示支出。可是在历史上，负数的引入却经历了漫长而曲折的道路。

古人在实践活动中遇到了一些问题：如两人相互借用东西，对借出方和借入方来说，同一东西具有不同的意义；再如从同一地点，两人同时向相反方向行走，离开出发点的距离即使相同，其表示的意义却不同。久而久之，古人意识到仅用数量表示一个事物是不全面的，还应加上表示方向的符号。因此为了表示具有相反意义的量和解决被减数小于减数等问题，逐渐产生了负数。

刘徽注《九章算术》，定义正负数为"两算得失相反"，同时还规定了有理数的加、减法则，认为"正负术曰：同名相除，异名相益，正无入负之，负无入正之。其异名相除，同名相益，正无入正之，负无入负之"。这"同名""异名"即现在的"同号""异号"，"除"和"益"则是"减"和"加"，"无"就是"零"。西方迟于中国八九百年才出现这些思想。

印度在公元7世纪才采用负数，公元628年，印度的《婆罗摩修正体系》一书中，把负数解释为负债和损失。在西方，直到1484年，法国的舒开才给出了二次方程的一个负根。1544年，德国的史提菲把负数定义为比任何数都小的数。1545年，意大利的卡当所著《大法》，成为欧洲第一部论述负数的著作。虽然负数早已出现在人们的计算过程中，但它迟迟得不到学术界的承认，直到17世纪，数学、力学、天文学获得了极大发展，使用负数可以大大简化计算，负数才正式进入了数学。特别是1637年，法国数学家笛卡儿开创了解析几何学，建立了坐

标点，将平面点与负数、零、正数组成的实数对应起来，使负数得到了解释，从而促进了人们对负数的公认。但直到19世纪，德国数学家魏尔斯特拉斯等人为整数奠定了逻辑基础以后，负数才在现代数学中获得稳固的地位。

动动脑筋

下图的七角星中有15个小圆圈。请把从1至15这15个数分别填入圆圈中，使每一个菱形的4个数的总和都为30。快试一试吧！

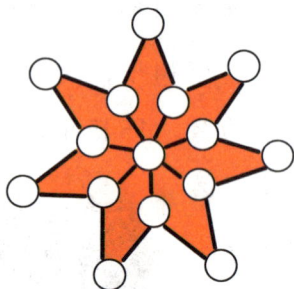

🐟 答案

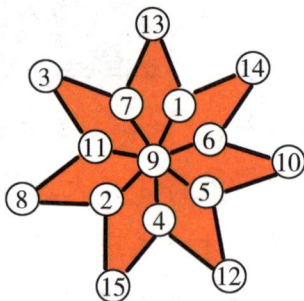

❶ 请用绿色的笔将相加和为12的两个偶数圈起来，用黄色的笔将相加和为12的两个奇数圈起来。

1　2　3
4　5　6
7　8　9
10　11

❷ 科洛娃在市区的某商业街租了一个店铺，专门销售女性衣物。她的两个好友琳达和玛利亚知道后，经常去她的店里关照生意。琳达每隔6天到科洛娃的店铺去一次，玛利亚则是隔2天就来科洛娃的商店消费一次。恰巧的是：5月1日，琳达与玛利亚竟在科洛娃的商店里碰面了。请问：她们两人下一次在商店碰面是什么时候？

③ 仔细观察下面5组数字魔方，说说最后2组魔方中的*处该填什么？

3	4	9
4	2	8
7	0	9

6	7	4
3	0	6
0	2	8

1	1	7
5	0	2
0	8	0

2	4	*
6	*	8
0	*	3

8	*	8
0	*	*
0	6	9

④ 一栋19层的大厦，只安装了一部奇怪的电梯，上面只有"上楼"和"下楼"两个按钮。"上楼"按钮可以把乘梯者带上8个楼层（如果上面不够8个楼层则原地不动），"下楼"的按钮可以把乘梯者带下11个楼层（如果下面不够11个楼层则原地不动）。

用这样的电梯能够走遍所有的楼层吗？从一楼开始，你需要按多少次按钮才能走完所有的楼层呢？你走完这些楼层的顺序又是什么呢？

第二章

图形的变换

长方形的巧克力

有一个角是直角的平行四边形，叫作长方形，也可定义为四个角都是直角的平行四边形。长方形长的那条边叫长，短的那条边叫宽。

冬马上就要过生日了，妈妈说："因为你这次数学考了满分，所以让你选择巧克力的大小。"冬冬听到这个消息后心想："以前妈妈为了让我少吃甜食，总是买最小的巧克力，这次我一定要选一个最大的。"

出发之前，冬冬手里拿了一支笔和一张草稿纸。妈妈非常奇怪，问："冬冬，你拿纸和笔干什么？"

冬冬说："到时候您就知道了。"

到了蛋糕店，冬冬看了一眼专柜里的巧克力，巧克力的厚度都相同。他指着那个长方形的巧克力模型问："请问这块巧克力的长和宽分别是多少？"

店员说："长是6厘米，宽是5厘米。"

冬冬想，自己只需要计算面积。他拿出纸和笔写道："$6 \times 5 = 30$（平方厘米）。"

冬冬还是觉得有点儿小，于是问店员："您这儿还有更大一点儿的长方形巧克力吗？"

店员说："这是最大的了，但是有一些材料，可以做成一个长比它多2厘米，宽比它少2厘米的巧克力。"

冬冬想了一下说："那么我还是要之前那块巧克力吧。虽然未制成的巧克力长与宽的变化都是2厘米，但它的面积却比之前的小。制成后是一个长为6+2=8（厘米）、宽为5−2=3（厘米）的长方形，那么它的面积就是8×3=24（平方厘米），比30平方厘米的那块小。"

动动脑筋

请你仔细观察，然后在右图中画3条直线，使得每一朵小花都能在这个长方形中有自己独立的区域，你能想出该怎么画吗？

答案

正方形的羊圈

> 四条边都相等、四个角都是直角的四边形是正方形，也可定义为：有一组邻边相等且有一个角是直角的平行四边形叫作正方形。

欧拉是一位伟大的数学家，他在几何学、数论、天文数学、微积分等许多数学的分支领域中都取得了杰出的成就。

在小学时，欧拉曾被学校开除，之后成了一个牧童，帮爸爸放羊。他一边放羊、一边学习，逐渐积累了许多知识。

慢慢地，爸爸的羊变得越来越多了，已经达到了100只。原来的羊圈有些不够用了，于是爸爸决定新修一个羊圈。他量出了一块长40米、宽15米的长方形土地，这样，羊圈的面积是600平方米，平均每只羊能在6平方米的地方活动，比较宽敞。正当爸爸打算动工时，突然发现自己的计划有误。他的材料只能围100米的篱笆，而如果要修长40米、宽15米的羊圈，那么篱笆需要修：

15+15+40+40=110（米）。

爸爸觉得十分为难，如果要按照原计划来建，就要再加10米长的材料；而如果不加材料，就会缩小面积，那么每只羊活动的面积就会小于6平方米，有些拥挤。

欧拉得知此事后告诉爸爸：他有办法能在不缩小羊圈面积的前提下，使篱笆的材料够用。爸爸听了完全不相信，就没有理他。欧拉急了，大声告诉爸爸：只要稍微移动一下羊圈的桩子就没问题。

爸爸听了连连摇头，心想：世界上怎么会有这么好的事？不过欧拉却坚持称自己能够做到两全齐美。于是，爸爸同意让儿子试试看。

欧拉见爸爸同意了，赶紧站起身来，跑到即将动工的羊圈旁，将原来的40米的那边截短到了25米。

爸爸一看就急了，说："这怎么行？这个羊圈太小了！太小了！"

欧拉没回答，他又跑到另一条边，将原来15米的那边延长了10米，变成了25米。这样一来，原来计划中的长方形羊圈变成了一个边长25米的正方形羊圈。

做完这些后，欧拉自信地告诉爸爸："现在材料够了，面积也没有缩小。"

爸爸照着小欧拉设计的羊圈围上了篱笆，100米长的篱笆不多不少，正好全部用光。面积也达到了标准，甚至还稍微大了一些。

小欧拉改造后的羊圈，面积为：

$25 \times 25 = 625$（平方米）。

这样，平均每只羊活动的面积就大于6平方米了。爸爸看到欧拉的办法真的实践成功了，觉得孩子比自己聪明，会动脑筋，将来肯定有出息，感到非常高兴。

爸爸觉得，让这么聪明的孩子放羊实在太可惜了。后来，他想办法让欧拉结识了大数学家伯努利。在这位数学家的推荐下，欧拉在1720年成了巴塞尔大学的学生。当时欧拉13岁，是这所大学里最年轻的学生。

动动脑筋

切斯特先生原来有一块正方形山林地，但是其中部分土地已经出售出去了，剩下的山林地形状很不规则。下图所示就是切斯特先生出售后剩下的畸形山林地的形状。目前又有3个买主打算购买这块地，但是他们要求把山林地平分成3份，而且要求将畸形的山林地分为相同的形状。切斯特先生为此头痛不已，你能否帮切斯特先生将山林地分为相同的3份？

答案

我们可以先将分割出去的畸形面积复原，复原之后得到一个完整的正方形，由此可知已经出售的山林地面积正好是整个正方形面积的四分之一。正是因为现在的这块畸形地的面积和已卖出的土地面积存在着3：1的比例关系，所以，只要扣除已出售的土地，其余的山林地就可以依下图中实线所示，平分为形状相同的3份了。

等腰三角形

等腰直角三角形是特殊的等腰三角形，它的顶角是直角，两个底角都是45°。

从前有一个地主，他非常吝啬，每次都想方设法地克扣工人的工钱。上次发工钱时，他故意刁难工人说："我给你们出一个问题，你们谁能答上来，谁就能领他应得的工钱，谁要是答不上来，谁的工钱就减半。"

工人纷纷抗议："万一你出的问题我们不会怎么办，那我们岂不是白白地少拿了一半的工钱？"

地主得意地说："我出的问题很简单，要是你们连这个问题都不会，那说明你们很蠢，工作的时候肯定不认真，扣你们的工钱也是应该的。"

工人虽然很气愤，但是有钱总比没有钱强，只能乖乖地听问题。

地主趾高气扬地说："我们新做的一批模具中，有一种是等腰三角形，已知它的面积是25平方厘米，底边长是10厘米，那么等腰三角形的高是多少？"

听到这个题目，工人们愤怒地说：
"我们没有念过书，也没有学过这种计算
题，怎么会呢！你分明就是不想给钱！"

地主说："既然没有人答出来，那就没办法
了，都只发一半的工钱吧。"

这时，工人小王站起来说："等腰三角形的高是5
厘米。"

大家纷纷看向小王。地主有点不敢相信，继续
说："那你说出求解过程。"

小王不紧不慢地说："求三角形的高并不难，三角
形的面积公式为（底×高）÷2，已知底是10厘米，
面积是25平方厘米，假设高是h，则（10×h）÷2＝
25，那么h就等于5厘米。"

地主只好把小王的工钱如数给了他，大家都很羡
慕极了。

再次发工资时，地主又想要扣工钱，于是他想出了
一个主意，给工人们一个圆柱形的水桶，要求工人们注
入半桶水，不能多也不能少，并且不能用任何工具测
量。工人小王将桶倾斜，水到达桶底侧边沿，且水刚好
盖住桶底时，这些水正好是半桶水。小王的妙计使工人
们都拿到了应得的工钱。

动动脑筋

昆尼尔一直对三角形的组合方式很感兴趣，这次他想出了绝妙的配置方法，用6个点来组合最多的等腰三角形。看到昆尼尔自鸣得意的样子，罗拉感到很不服气。那么你知道昆尼尔是怎样分配这6个点的位置的吗？

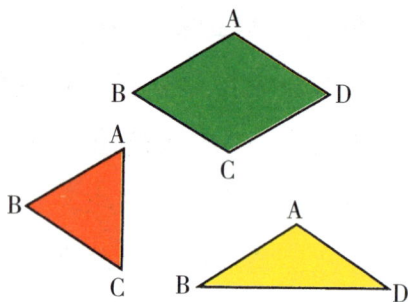

答案

其实这6个点的分布方式很简单，想想我们平时看到的正五角形，你会不会有所发现呢？没错，只要加上正五边形中心的那一个点，就是昆尼尔苦思冥想的结果了。直接将正五角形的5个顶点和中心点连起来，就得到5个等边三角形，当然了，等边三角形也是等腰三角形。这6个点中，任意3个点连在一起所组成的图形都是等腰三角形。

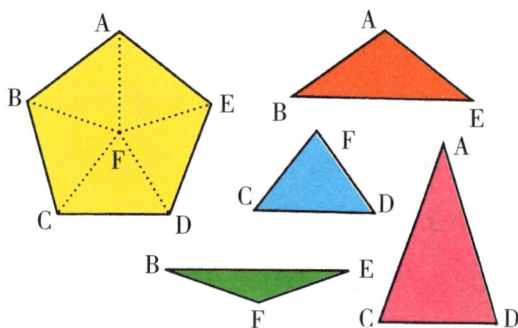

梯形的地

梯形是一种特殊的四边形，只有一组对边平行的四边形叫梯形；有一个角是直角的梯形叫直角梯形；两腰相等的梯形叫等腰梯形。

著名的俄国作家列夫·托尔斯泰曾在自己的作品中记述了这样一个故事：

巴霍姆想在巴什基尔人的草原上购买两块地。他向卖地的人询问土地的价格，卖地的人告诉他："每天1000卢布。假如你愿意出1000卢布，那么你从太阳出来到太阳落山走过的路所围成的地就全部归你所有。不过，如果你在太阳落山之前不能回到最开始出发的地方，那么你这1000卢布就都白花了。"

巴霍姆想了一下，觉得这样很合算，就付了1000

卢布。第二天一大早，太阳刚从地平线上露面，巴霍姆就赶紧在大草原上跑了起来。他先笔直地朝前跑了10千米，拐向左侧，接着又马不停蹄地跑了13千米，再拐向左侧，这样又向前跑了2千米。这时，他发现太阳已经快落到地平线了，于是立刻更改了方向，笔直地朝着起点跑去。他不停地跑哇跑，太阳已有一部分落到地平线的下面去了，他还离出发地点有一段距离呢。为了不白白浪费这1000卢布，他拼尽全力地跑，总算在太阳彻底落山之前赶回了出发的地点。可是他突然向前一扑，口吐鲜血，再也无法站起来了。

为了能获得更多的土地，贪婪的巴霍姆累死了，最终弄得人财两空。

虽然我们不应该学习巴霍姆的行为，但这件事给我们留下的数学问题值得思考。

我们将巴霍姆奔跑的路线画出来，可以看出，他奔跑的路线组成了一个梯形。它的面积是：

$$(10+2) \times 13 \div 2 = 78（平方千米）。$$

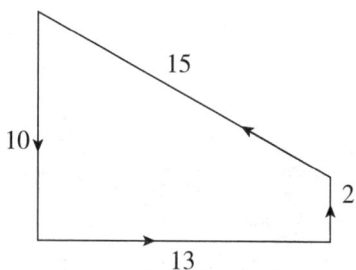

动动脑筋

下面是用20根火柴摆成的两个图形，大图形用14根火柴，小图形用6根火柴。大图形的面积是小图形的3倍。要求从大图形中移出2根火柴放到小图形中，然后各自调整图形的形状，使新组成的两个图形面积之比仍是3:1。应该怎么调整呢？

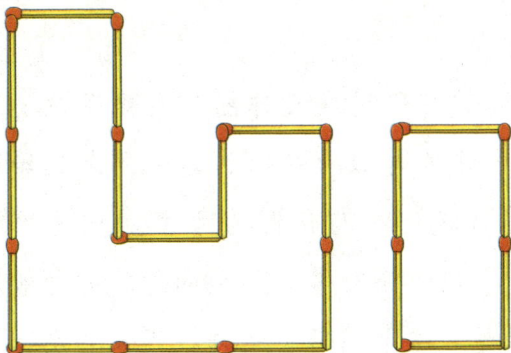

答案

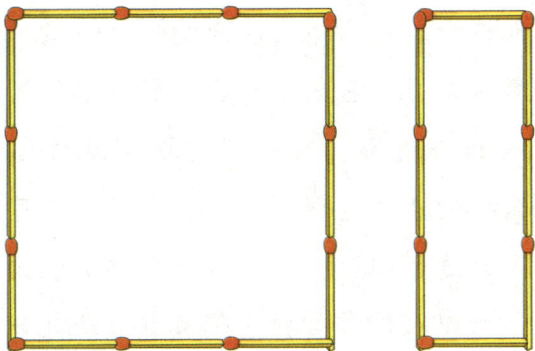

等分圆周

圆周是一个数学名词。在平面上，一动点以一定点为中心，一定长为距离而运动一周的轨迹，叫做圆周。

人们在研究规尺作图三大难题时，还发现了许多类似的难题。其中，求相等圆周的线段问题，就是一个与化圆为方密切相关的难题。此外，流传很广的还有等分圆周问题，它是和三等分角相仿的难题，这个问题又叫作按规尺作图，作圆内接正多边形问题，或者叫作正多边形作图问题。

古希腊人按规尺作图法，作出了正三角形、正方形、正五边形、正六边形、正n边形（n为正整数），以及边数为它们的2倍的正多边形。他们还想继续作出其他的正多边形，可是正七边形就作不出来。于是，什么样的正多边形能作得出来，就成了一个作图难题。因为这个问题与三等分角问题的性质相同、关系密切，所以人们常常把它们放在一块儿研究。类似的，还有许多作图难题也不断地涌现出来，比如五等分、七等分任意角问题。

在漫长的年代里，不计其数的人加入了研究这些问题的行列，可是谁也提不出解决的办法。慢慢地，人们开始产生了这样一个问题：有些作图难题之所以难，是不是因为这些难题按规尺作图方法本来就办不到，而人们还没有找到能解决这些难题的方法呢？这个想法，不是哪一个聪明人的头脑里一开始就有的，而是在一代人接一代人连续研究了2000多年后才出现的。

他们想：圆规和直尺不过是一种工具，世界上本来就没有什么事情都能干的万能工具。特别是规尺作图法，实际上是对规尺的使用做了种种禁令，限制它们的作用，所以有些图可以作出来，有些就可能作不出来。

数学是一门非常精确的科学。数学问题是不能根据想象或者看法就能得出结论的，它必须有严格的证明。假设有些图形是规尺作图法不能作出来的，那么，标准是什么？界限在哪里？这也就成了一个难题。

这些难题，直到解析几

何出现以后，人们学会运用代数的方法来研究几何问题，才找到了解决这些难题的途径。

动动脑筋

农夫约翰和妻子去赶集，他们想用自家的家禽换些牲口回来。按照古老的交换习俗，85只小鸡可以交换1匹马和1头奶牛，5匹马的价格等于12头奶牛的价格。

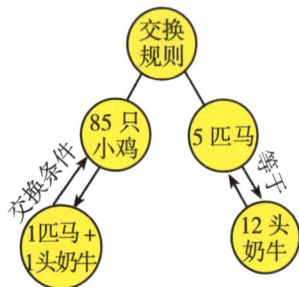

妻子对约翰说："约翰，我们把选中的马加一倍带回家。这样，这个冬天我们的牲口就有17头了。"约翰说："可我觉得奶牛更能赚钱，并且，假如我们把选中的奶牛再加一倍，就有19头牲口了。我们的小鸡也刚好够交换这些牲口。"

你能根据上面的信息计算出他们有多少只小鸡、多少头奶牛和多少匹马吗？

交换规则 — 85只小鸡 / 5匹马；1匹马+1头奶牛；12头奶牛

答案

"85只小鸡可以交换1匹马和1头奶牛，5匹马的价格等于12头奶牛的价格"，从这段描述中我们可以很容易地算出，一头奶牛值25只小鸡，一匹马值60只小鸡。按约翰和妻子的描述：设奶牛的数量为x，马的数量为y，则$2y+x=17$；$2x+y=19$。解得$x=7$，$y=5$。即奶牛有7头，马有5匹，则小鸡的数量$=25x+60y+25x=650$（只）。

❶ 这天，约翰和科尔在一起做火柴游戏。

约翰将几根火柴摆成一个长方形后，对科尔说道："看看这个，只移动其中的4根火柴，把这个完整的长方形面积减半。你知道怎么移动才能办到吗？"

科尔看了看，这是由10根火柴组成的长方形，如图中所示，约翰要求他将长方形的面积减半。科尔想了一会儿还是不得要领。

你知道应该如何移动火柴吗？

2 如图所示：在一个正方形中，切边画一个圆形，圆内又有一个最大面积的正方形。

宾果老师的问题是：外围大正方形的面积是圆内正方形面积的几倍？

在出题的时候，老师反复强调这不是一道复杂的计算题，很快就可以得出结论。别人还在苦思冥想的时候，西泽已经得到答案了。

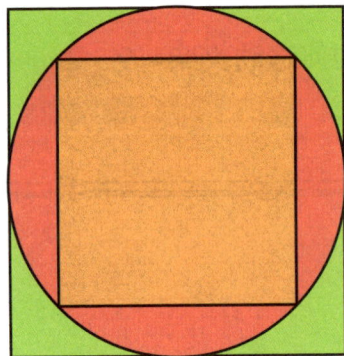

3 将两张明信片的一角叠合在一起，如图中的样子。然后使重叠处的四边形的面积恰巧等于明信片面积的一半。怎么做才能使重叠四边形的面积正好是单张明信片面积的一半呢？

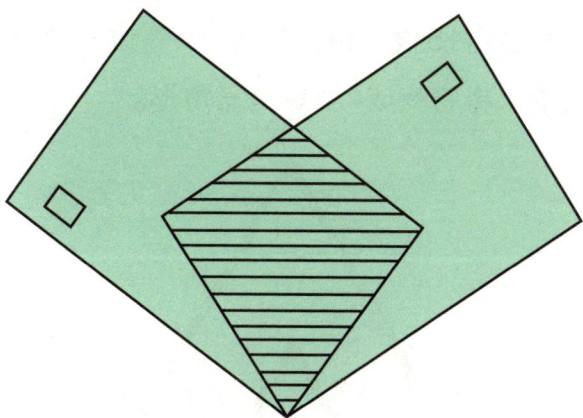

❹ 打开你的绘画盒，拿出35支彩色铅笔，按图中所示摆成回形。现在，移动其中的4支铅笔，组成3个正方形。如果手边没有足够的彩色铅笔，你也可以用牙签或者其他物体代替。

5 下图是由15根火柴摆出的2个等边三角形。请移动其中3根火柴，将它变成4个等边三角形。

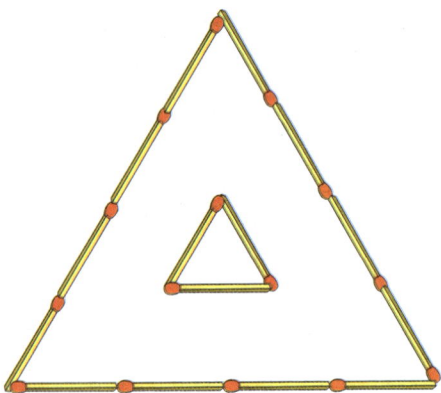

6 这里有一个拼图游戏，请你将下面6个图形复制到一块厚的硬纸板上，用剪刀小心地将它们剪下来，然后将它们组成一个等边三角形。

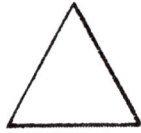

第三章

运算的奥秘

1—100相加的和

从1加到100最后得出的和，可以写成：1+2+3+4+5+6+7+8+9+10+11+……99+100=?

2 00多年前发生了这样一件事，在这件事中，一个年仅9岁的孩子展现出的数学天赋令他的老师惊诧万分。

1787年，德国一所乡村小学的数学老师给三年级的学生出了一道计算题：

1+2+3+4+5+……+98+99+100=?

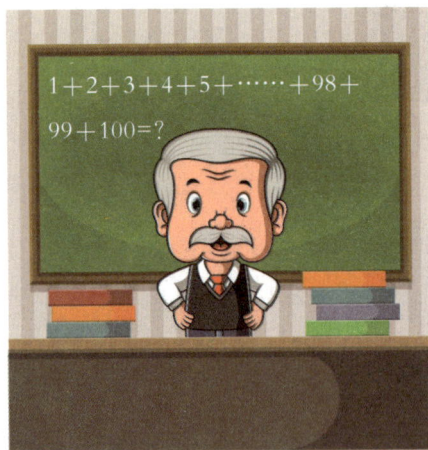

将100个数一个一个地相加，这对三年级的小学生来说是一个很大的考验。

没想到，老师把题目说完没多久，班级里一个名叫高斯的学生就将自己的答案交了上来。

刚开始老师并没有在意。这么快就写好了，谁知道是不是胡乱写的。

可等老师将全班的答案都批改完时，竟然发现全班同学里只有那个迅速交卷的高斯做对了。

老师听了高斯的解题方法后更加惊讶。

原来，高斯并不是将这100个数按照顺序一个一个相加的，而是从两端往中间，一端取一个，配起对来，1与100，2与99，3与98……一共配成了50对，而且每对的两个数加起来的和都是101，所以原式=101×50=5050。

这种计算方法虽然不是高斯独创的，但是在此之前也没有任何人教过他。在200多年前的德国，这种计算方法是要到大学时才会接触到，叫作等差数列求和。

当年，高斯大约10岁，而且出身农户，家境贫寒，竟然这样善于动脑、勤于思考，这令老师感到非常欣慰并且深受感动。这位老师特意到大都市汉堡买来数学书，送给了高斯，并且让自己的助手多多关照高斯。

动动脑筋

请将这个表格分成4个相同的形状，并保证每个部分中的数字之和为50。

8	8	3	6	5	5
8	4	4	7	7	4
5	5	5	8	3	5
9	8	3	4	7	3
7	5	9	3	5	8
6	4	4	8	3	4

答案

8	8	3	6	5	5
8	4	4	7	7	4
5	5	5	8	3	5
9	8	3	4	7	3
7	5	9	3	5	8
6	4	4	8	3	4

加减乘除去游乐园

同级运算时，从左到右依次计算；两级运算时，先算乘除，后算加减。有括号时，先算括号里面的。在加减乘除混合运算中，先乘除后加减，有括号的先算括号内，再算括号外。

在庞大的数学王国里，加、减、乘、除是四个很要好的朋友，其中，加、减是一对好兄弟，乘、除是一对好姐妹。有一天，加、减、乘、除约好一起去游乐园玩。它们手拉着手，高高兴兴地准备走进游乐园。但是，刚到门口，影院的售票员就拦住了它们，加、减、乘、除急忙说："阿姨，我们买票了，您看。"说着就要拿票。

阿姨说："不是票的问题，是你们不能同时进去，需要排队才可以进去。"加、减、乘、除听

完，开始争吵起来，因为它们都想赶紧去游乐园玩。

最后，它们决定去找族长评判。见到族长后，它们问："族长，我们想去游乐园，但是售票员要求我们一个一个进，我们几个谁应该排在前面呢？"

族长说："你们四个谁带小括号了？"

加和减连忙说："我们兄弟俩带了小括号。"

族长回答："那加、减就排在前面进去。"

乘、除生气地说："为什么是加、减在前，我们两个在后呢？"

族长又说："这是因为加和减带了小括号，谁带了小括号，谁就先进去。如果都没带小括号，就是乘、除先进去，加、减后进去。"

加若有所思地问："族长，那我和减谁先进呢？"乘、除听完问了同样的问题："我们两个谁先进呢？"

族长又说："这个问题就简单多了。因为加、减是兄弟，所以谁在前面谁就先进；乘、除是姐妹，所以也是谁在前面谁就先进。"

听了族长的话，它们终于明白了，便在游乐园门口高高兴兴地排好了队。

动动脑筋

如图所示，欲使每一竖列和横列的数总和等于70，只须删掉4个数即可。请问，应删掉哪4个数？

21	28	21	21
42	14	14	14
21	14	14	35
7	28	35	35

答案

	28	21	21
42		14	14
21	14		35
7	28	35	

乘法分配律的应用

小明的妈妈为了培养小明节约用钱的意识，就买了一个小猪存钱罐，并要求小明每月存够一定的钱，坚持2个月才可以，不然的话就不带他去游乐园玩。

小明知道以后虽然不情愿，但是看到可爱的小猪存钱罐，想到存了钱以后可以买自己想要的玩具，心里还是很高兴的。

小明说："妈妈，我这个月要存20元。"

妈妈说："每个月给你100元零花钱，你存20元太少了，你这个月要存20元的2倍才可以。"

小明算了一下，这个月要存20×2＝40（元）。

小明又说："那下个月呢？我存35元可以吗？"

妈妈说："既然要培养你的省钱意识，就应该存得越来越多才可以，下个月你要存35元的2倍才可以。"

小明一听，瞬间就不高兴了，嘟嘟囔囔地说："那这两个月我就不能买新玩具了。"说着，他赶紧跑到自己的房间，拿起笔算一算这两个月一共可以存多少钱。

他想："既然每个月都是2倍，那我就先把20和35加起来，最后再乘2，看看结果如何。"

（20＋35）×2＝110（元）。

他又想："我先把每个月要攒的钱算出来，再加在一起算一下，看看结果是否一样。"

他列出算式：20×2＋35×2＝40＋70＝110（元）。

小明仔细看了一眼自己的算式，发现：原来两个数之和的2倍，等于一

个数的2倍加上另一个数的2倍！

小明高兴地说："原来今天还有新的收获呀，我可以向同学们炫耀我的算式啦！"

动动脑筋

某商场冰箱的年度销售业绩表上显示：第一季度总共售出220台，第二季度总共售出70台，第三季度总共售出300台，第四季度总共售出280台。每台冰箱的价格为2000元。请问该商场全年的销售额是多少？

答案

$220 \times 2000 + 70 \times 2000 + 300 \times 2000 + 280 \times 2000 = (220 + 70 + 300 + 280) \times 2000 = 1740000$（元）。

小数的计算

在进行小数的加减运算时要对齐小数点，按照位数运算；在进行小数的乘除法时，要数清楚小数点后面的位数，计算结束之后，不要忘记位数的移动。

小数产生之后，记数变得更加方便了。如圆周率π的近似值3.14，如果用分数来表示，那么书写、计算都会变得麻烦许多。

一位著名的美国数学家说过："近代计算奇迹般的动力来源于三项发明：印度计数法，十进分数和对数。"这里提到的十进分数指的就是小数。

中国人使用小数的历史十分悠久。公元3世纪，我国魏晋时期伟大的数学家刘徽在《九章算术》中指出"开方开不尽时，便可以用十进分数（小数）来表示"，这比西方得到这一结论足足早了1300年。元朝刘瑾所著的《律吕成书》中将106368.6312记为：

$$ㅣ ㅁ ⏌ Ⅲ ⏌ Ⅲ ㅣ$$

$$⏌ Ⅲ -Ⅱ$$

这种表示方法将小数部分降低一格，可以称得上世界上最早的小数表示法。

世界上第一个真正应用小数的人是阿拉伯人卡西，他用十进分数（小数）表示出了圆周率 π 的17位有效数值。在欧洲，荷兰人斯蒂文于1585年首次明确地阐释了关于小数的理论，他将32.57记为：

$$32 \ ◎ \ 5 \ ① \ 7 \ ②$$

小数点即"."，出现于1492年，当时法国人佩洛斯在出版的算术书中首次使用了它。但佩洛斯所用小数点的意思是进行除法运算时，如果除数是10的倍数，例如12345÷600，先将最后两位用点分开然后除以6，即123.45÷6，里面的小数点只是为了更方便进行除法运算，与现在的含义不同。

1608年，意大利人克拉乌斯出版的代数书中第一次明确地用小数点"."作为整数部分与小数部分之间的分界，即现代用法，这时小数点的用法才正式确定下来。

另外，也有人用"，"当作小数点的符号。直到19世纪末，小数点还有多种不同的写法，如3.2写为

3，2；3|2；3·2；3△2；等等。

　　现代小数点的使用大体可以分为两大派，即欧洲大陆派（德国、法国等）和英美派。欧洲大陆派的小数点用逗号来表示，圆点"·"则是乘法记号，因为乘号"×"易与字母"x"混淆。英美派的小数点用圆点"."来表示，逗号则作为分节号（每三位分为一节）来使用。如三亿七千万，英美派记作370，000，000，而欧洲大陆派则记作370 000 000，不用分节号而是每三位数便空格。

　　不管是东方还是西方，在对小数的认识上，人们都经历了漫长的过程。

动动脑筋

在一本古老的游记里面有这样一幅图片，图中描绘的是一种古老的称量方法。岛上居民从地里收获了大量的农产品，包括大米、烟叶等，他们用这些农产品与流动商贩交换日常用品。商贩们用一种独特的秤称量从当地人那里收来的农产品。秤的结构非常简单，只包括1根平衡杆和4个尺寸不同的金属环，尺寸不同的金属环代表不同的重量。商贩们随身携带这些金属环，他们把金属环像手镯一样套在手臂上。凭借这些环，商贩能够称量出0.25—10千克的物品。这种称量的方法可以让商贩的计量精度达到0.25千克。那么，你知道这4个金属环的重量分别为多少吗？

答案

4个金属环的重量分别是0.25千克、0.75千克、2.25千克和6.75千克。适当使用4个金属环，可以称量出0.25—10千克的物品。

余数的应用

余数是一个数学用语，在整数的除法中，只有能整除与不能整除两种情况，当不能整除时，就会产生余数。

古时候，我国流行过"斗蟋蟀"的游戏，有些游手好闲的公子少爷，还曾利用斗蟋蟀的胜负进行赌博。于是，有关蟋蟀的交易就这样出现了。

有一次，一位老人一下子抓到了90只蟋蟀，他将这些蟋蟀分给了3个儿子，让他们去卖。

为了考验3个儿子的能力，老人对他们要求道："现在这里有90只蟋蟀，你们拿去把它们都卖掉。老大50只，老二30只，老三10只。价格高低我不管，你们自己确定，但必须一致，而且卖得的钱数也必须相等。"

兄弟三人愁眉苦脸地拿着蟋蟀走了。蟋蟀的个数差了这么多，卖价却要一致，卖得的钱数也必须相等，到底要怎么卖才能达到父亲的要求呢？他们一边走一边讨论。

最后，最有主意的老三想出了解决的方法，他将自己的办法一说出来，老大和老二马上连连称赞。于是他们兴高采烈地来到蟋蟀市场。

最后，他们果然卖价一致，卖得的钱数相等。于是他们便带着各自卖得的50文，高高兴兴地去见父亲了。

聪明的小读者，你知道他们究竟是怎样卖的吗？

原来兄弟三人是这样售卖的：

他们每个人都将自己的蟋蟀按照品质的优劣分组销售，每7只为一组，而余数则留下品质最好的。于是每个人的蟋蟀余数分别为：

老大：$50 \div 7 = 7 \cdots\cdots 1$（只）

老二：$30 \div 7 = 4 \cdots\cdots 2$（只）

老三：$10 \div 7 = 1 \cdots\cdots 3$（只）

每组的7只都以组为单位进行售卖且不零卖，每组5文；剩下的优质蟋蟀则以每只15文的价格售卖，少钱不卖。这样，老大卖得的钱数是：

$5 \times 7 + 15 = 50$（文）

老二卖得的钱数是：

$5 \times 4 + 15 \times 2 = 50$（文）

老三卖得的钱数是：

$5 \times 1 + 15 \times 3 = 50$（文）

恰好符合了老人的要求：卖价一致，卖得的钱数相等。

动动脑筋

传送带和滚轴上的货物需要运到20个单位远的地方。如果每个滚轴的周长为0.8个单位长度，那么它们需要转多少圈才能将货物运到指定的地点？

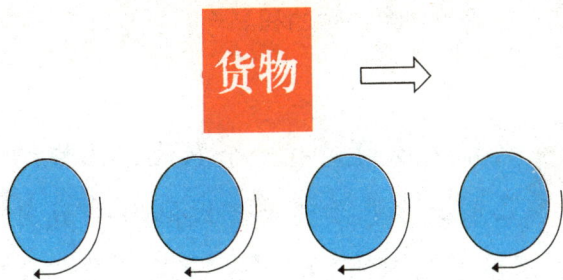

货物 ⇨

答案

总共要转12.5圈。因为滚轴的上、下都有传送带，所以滚轴每走一个单位的距离，传送带就前进两个单位的距离。货物要运送20个单位，即传送带前进20个单位，那么滚轴需转动10个单位，转动的圈数则为$10 \div 0.8 = 12.5$。

比例的计算

表示两个比相等的式子叫作比例。比例由四个数组成，这四个数叫作比例的项。两端的两项叫作比例的外项，中间的两项叫作比例的内项。在一个比例中，两个外项的积等于两个内项的积。

很久很久以前，有一个农民，他临终前将自己的三个儿子叫来告诉他们："我自觉不久于人世，现在家里只有19头牛，无法给你们留下更多财产，你们将它们分了吧：老大分得总数的 $\frac{1}{2}$，老二分得总数的 $\frac{1}{4}$，老三分得总数的 $\frac{1}{5}$。"

话音刚落，农民就气喘不已，没过一会儿便闭上眼睛，去世了。三个儿子将老人安葬好，便要分牛了。

当时，法律规定不准宰牛，三个儿子既要遵守法律，又得执行老人的遗嘱，可是他们怎么也想不出两全其美的办法。

这天，一位邻居从他们家门前经过，看到他们兄弟垂头丧气，感到非常奇怪。邻居问清楚缘由后，认真思索了一会儿，便转身回家又牵来一头牛，很快帮他们分好了牛。

邻居使用的办法，既没有宰杀任何一头牛，又完成了老人的遗嘱，弟兄三人顿时高兴起来。

邻居究竟使用了怎样的办法呢？

原来，邻居将自己的一头牛跟作为遗产的19头牛合在一起，总共是20头牛，这样一来就很容易分了。

老大分得的牛是：

$20 \times \dfrac{1}{2} = 10$（头）。

老二分得的牛是：

$20 \times \dfrac{1}{4} = 5$（头）。

老三分得的牛是：

$20 \times \dfrac{1}{5} = 4$（头）。

这样，兄弟三人所得牛的总数是：

$10 + 5 + 4 = 19$（头）。

之后邻居又牵回了自己的那一头牛。

其实加上一头牛之后又拿走了，说明即使不加这头牛也能分。

兄弟三人分牛数量的比例是：$\dfrac{1}{2} : \dfrac{1}{4} : \dfrac{1}{5} = 10 : 5 : 4$。

即总数为 $10 + 5 + 4 = 19$（头），这样就可以按照比例分配了。

动动脑筋

一个小商人买进一些小狗和几对老鼠，老鼠的对数正好是小狗数目的一半。

每只小狗的进价为2元，和每对老鼠的价格相等。后来，小商人将它们加价10％售出，自己留下了7只动物。小商人计算后发现，他获得的钱与买进全部动物所花的钱正好相等。故而，剩下的7只动物的总售价就是他的利润。

剩下的7只动物究竟有多少只小狗？多少只老鼠？它们一共值多少钱？

答案

设买进的小狗只数为x，老鼠的只数实际是和狗的只数相等，故老鼠亦为x，再设剩下的狗为a只，老鼠为b只，根据题意有：

$2x+x=2.2（x-a）+1.1（x-b）$；$a+b=7$；$2.2a+1.1b=0.3x$

解得$x=44$，$a=5$，$b=2$。

剩下的动物中有5只小狗（总售价11元）和2只老鼠（总售价2.2元）。7只动物一共价值13.2元。

1 在括号里填"＋""－""×""÷"四种运算符号，使等式成立。

100 〇 2 〇 5 〇 2 〇 1 ＝ 197

15 〇 2 〇 3 〇 9 〇 3 ＝ 18

2 你能不能只用数字4来表示0到10的数？可以使用加法、减法、乘法、除法和括号等基本的数学运算符号，还可以重复使用4，但要尽量找出每个数最简单的表示方法。

3 有这样一个数，它乘以5后加6，得出的和再乘以4后加9，然后再乘以5得出的结果减去165，把结果的最后两个数遮住就回到了最初的数。你知道这个数是多少吗？

❹ 一只蜜蜂外出采花粉，发现一处蜜源，它立刻回巢叫来10个伙伴，可还是采不完。于是，每只蜜蜂回去各自又找来10只蜜蜂，大家再采，还是剩下很多。于是蜜蜂们又回去叫同伴，每只蜜蜂又叫来10个同伴，但仍然采不完。蜜蜂们再回去，每只蜜蜂又叫来10个同伴。这一次，终于把这一处蜜源采完了。你知道这处蜜源的蜜蜂最后一共有多少只吗？

❺ 水加上两点就变成了冰，冰去掉两点则变成水。其实，就在水与冰的变化之间，它们的体积也是随之变化的。计算得知，当冰融化变成水后，它的体积会减少 $\dfrac{1}{12}$。

那么，请问：当它再结成冰时，体积会增加多少呢？

6 罗伯特用圆规在纸上画出了几个相同大小的圆，这几个圆是连环排列在一起的。罗伯特在每一个圆内都写上了数字，至此，他发现一个有趣的问题。如图中所示，5个圆是互相嵌套的，共分9个区域，在每一个区域内分别填入1~9的数字，从左边计算每个圆内数字之和，依次为11、11、14、11、11。

罗伯特想让每个圆内的数字之和都为11。他思考了一下，变更了圆内数字排列的顺序，使每个圆内的数字之和都为11了。

大家也一起动动脑筋吧，看看应该怎样组合这些数字。注意，9个数字不能重复使用。

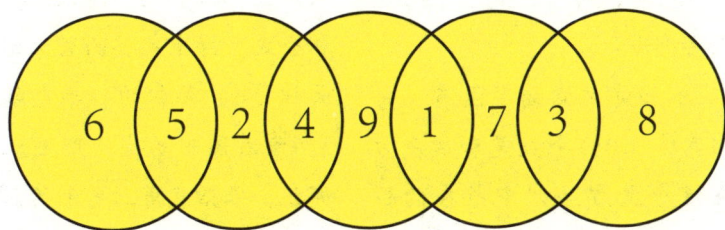

第一章

1.

| 1 | 2 | 3 | 4 | 5 |
| 7 | 8 | 9 | 10 | 11 |

2. 她们碰面的这天是5月1号，那么，琳达再来的日子是8号、15号、22号、29号；而玛利亚则是4号、7号、10号、13号、16号、19号、22号、25号、28号。所以，两人会在5月22号这天再次碰面。

3. 不知你注意到了没有，每组魔方上0的个数是和该魔方在这个魔方序列中所在的位置相对应的，所以最后两个魔方中的*位置都应该用0代替。

4. 可以走遍所有的楼层。最少的步骤是19步，按12次"上楼"，7次"下楼"，顺序如下：

0—8—16—5—13—2—10—18—7—15—4—12—1—9—17—6—14—3—11—19。

第二章

1. 由10根火柴组成的长方形，为了便于计算，我们假设每根火柴的长度是1，根据约翰所摆出的图形，这一长方形的边长是3、宽度为2，所以根据面积公式可得出完整的长方形的面积是6。面积的一半也就是3。看看图中的虚线所截取的部分，根据直角三角形的面积公式，这一虚线部分的面积恰好是1.5。如此一来，只要把上面的4根火柴反折过来，摆成的图形的面积就是原来的长方形面积的一半了。看看图就一目了然了！

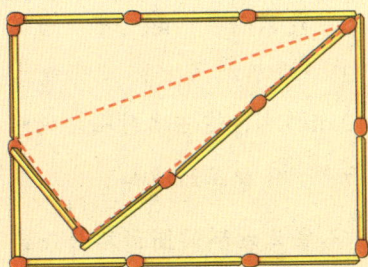

2. 西泽的做法是先把圆内小正方形旋转45度，就变成图中的样子。用虚线作出小正方形的两条对角线，将小正方形分成4个三角形。显而易见，外围的大正方形不就包含了8个三角形吗。由此可见，大正方形的面积是小正方形面积的2倍。

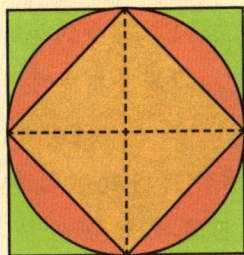

3.

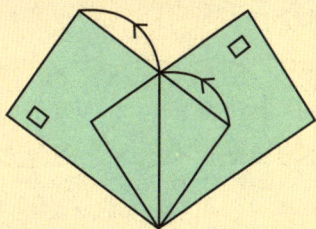

4.

5.

6.

第三章

1. ×、—、+、÷；+、×、—、÷

2. 0=4-4

1=4÷4

2=（4+4）÷4

3=4-4÷4

4=4

5=4+4÷4

6=（4+4）÷4+4

7＝44÷4－4

8＝4＋4

9＝4＋4＋4÷4

10＝（44－4）÷4

3.任何数。

这个奇妙的组合算出来的数遮住后面的两个数，得到的永远都是最初的数。

4.一共有14641只蜜蜂。

第一次搬兵：1＋10＝11（只）

第二次搬兵：11＋11×10＝11×11＝121（只）

第三次搬兵：11×11＋11×11×10＝11×11×11＝1331（只）

第四次搬兵：11×11×11×11＝14641（只）

一共搬了4次兵，于是蜜蜂总数为14641＋1331＋121＋11＝16104（只）

5.体积增加$\frac{1}{11}$。首先我们假设现在有12ml的冰，当冰融化后变成水，体积则减少$\frac{1}{12}$，

也就是只剩下11ml的水。当这11ml的水结成冰，又会变成12ml的冰，这些冰对刚才的水而言，体积正好增加了$\frac{1}{11}$。

6.不要为连环的图形所吓倒，我们可以从整体上来考虑解决问题的办法。

因为要使每个圆内的数字之和等于11，所以5个圆内数字总和就应该是55。1~9的9个数相加，和是45。而55和45之间相差10，这个数刚好是嵌套相交图形中共同处于两个圆圈中被重复计算的4个数值之和，而1、2、3、4这4个数的和恰好等于10，所以嵌套相交的图形中应该是1、2、3、4这4个数字。然后根据圆内数字之和再调整一下其余部分的数字组合，就会得出图中所给出的答案了。

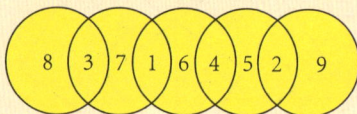

8 3 7 1 6 4 5 2 9

学习可以很有趣

哦！语文真有趣

曲长军◎主编

三辰影库音像电子出版社
北 京

图书在版编目（CIP）数据

学习可以很有趣. 哇！语文真有趣 / 曲长军主编
. — 北京 ： 三辰影库音像电子出版社，2022.8
ISBN 978-7-83000-579-5

Ⅰ．①学… Ⅱ．①曲… Ⅲ．①小学语文课－教学参考
资料 Ⅳ．①G624

中国版本图书馆 CIP 数据核字 (2022) 第 075529 号

学习可以很有趣. 哇！语文真有趣

责任编辑：蔡梦浩

责任校对：韩丽红

排版制作：文贤阁

出版发行：三辰影库音像电子出版社

社址邮编：北京市朝阳区东四环中路 78 号 11A03，100124

联系电话：（010）59624758

印　　刷：北京云浩印刷有限责任公司

开　　本：880mm × 1230mm　1/32

字　　数：256 千字

印　　张：10

版　　次：2022 年 8 月第 1 版

印　　次：2022 年 8 月第 1 次印刷

定　　价：68.00 元（全 4 册）

书　　号：ISBN 978-7-83000-579-5

亲爱的小读者们，你发现学习中的乐趣了吗？如果还没有发现，不妨打开这本书看看吧！也许它会给你带来惊喜！

在课堂上，晦涩难懂的语文知识，望而生畏的数学题目，枯燥乏味的历史文化，高深莫测的科学技术……可能会让你感觉毫无快乐可言。其实，当发现各个学科的魅力后，你会觉得这些知识是有灵动鲜活的一面，就能感受到学习是一件很有趣的事情。

为激发小读者们的学习兴趣，我们编写了这套《学习可以很有趣》。本套书摒弃严肃的说教风格，采用趣味十足的小故事，对语文、数学、历史、科学四个学科的典型知识进行了通俗易懂的讲解，从不同角度呈现出这些学科生动、有趣的一面。本套书内容丰富、语言诙谐、版式新颖、插图活泼，可为小读者营造轻松愉快的学习氛围，让小读者尽情地遨游在知识的海洋里，增长知识、开阔视野、启迪智慧。

小读者们，赶快翻开这本书吧。相信这本书会是你开启快乐学习之门的金钥匙，成为你学习的好伙伴！

目录 MULU

第一章

博大精深的汉字

画上的字谜

明朝末年有位著名书画家名叫黄道周。当时，漳州有个叫黄梧的人，不但权势盛极一时，而且喜欢附庸风雅。他听说黄道周的书画出众，于是派人前去索取中堂条幅。那被派来的幕僚来到黄家时，黄道周正在与朋友对弈。他听那人说明来意之后，笑道："你家主人权大势大，黄某敢不从命？请稍等片刻。"旋即收了棋盘，令书童取来文房四宝。

黄道周沉思片刻，挥毫便画，须臾间便在一张纸上画了日、月、牛、桥四物，并题了十二个字：

日头下，月亮旁，一头牛，站桥上！

那幕僚连声道谢，卷轴而去。黄道周见那人走后，将题字含义说与棋友，二人顿时哈哈大笑，捧腹不已。

读故事猜一猜

你知道黄道周所题十二字的谜底吗？

答案：腥

有趣的问答

幼年的杜甫，聪明伶俐，七岁就能以"凤凰"为题作诗，九岁时便写得一手好字。由于他学习勤奋，祖父杜审言对他十分疼爱，饭后常带他去郊外散步。

金秋时节，稻浪飘香，祖孙二人漫步在田野。杜审言见农夫正在忙着收割，触景生情，吟了四句诗，问孙儿："四个'不'字颠倒颠，四个'八'字紧相连；四个'人'字不相见，一个'十'字立中间。"

聪明的杜甫略加思索就说出了答案，慈祥的老祖父甚是高兴，乐得连连点头。

读故事 猜一猜

你知道老祖父杜审言说的是什么字吗？

答案：米

唐伯虎寻找画友

唐伯虎是明代有名的画家、书法家。他为了寻找一位画友，历尽千辛万苦，好不容易才打听到这位画友在杭州以东三十里的某镇隐居，于是动身前往拜访。

那天，他走到一处岔路口，见左、中、右三条路，不知往哪条路走。这时前面来了一位打着小花伞的姑娘，唐伯虎想问又不好意思开口，但见四周又没有第二个人可问，只好硬着头皮向她问路。姑娘面带娇羞之态，也不回话，只在地上写了一个"句"字就走了。

唐伯虎思索一会儿后，沿着姑娘指的路终于到达某镇，找到了画友。

读故事 猜一猜

你知道这位姑娘叫唐伯虎走哪条路吗？

答案：左

方丈和举人

南宋时期，浙江有位举人王十朋前往京都临安赶考，行至中川寺，天色已黑，便叩门借宿。

寺里的方丈打开寺门，冷声冷气地问："你是何人，敲门作甚？"

王十朋作揖道："晚生乃乐清举子王十朋，想借宿一宿（xiǔ）。"

方丈有些不信，便道："佛家虽以慈悲为怀，然而还是以学识为重。"旋即挥手指了指佛堂上写的"天

心"二字，笑道，"先生若能一笔写成另外两个字，老僧便下'陈蕃之榻'，如若不能，那就请便了。"

王十朋拱手谦让道："晚生虽才疏学浅，但愿一试。"说罢大笔一挥。

方丈连声称道："才子果然有文墨功夫，请往禅房品茗。"

就这样，王十朋在中川寺借宿了一宿。

读故事猜一猜

你知道王才子将"天心"改成了哪两个字吗？

答案：未必

好玩的猜字游戏

　　王筠是南朝梁文学家，有一次，一个小孩儿问他："王老夫子，咱们今天玩猜字游戏吧！"王筠很感兴趣地说："你说说看。"

　　小孩儿说："一点一点分一点，一点一点合一点。一点一点留一点，一点一点去一点。"

　　王筠用树枝在地上写出"汾""洽""溜""法"四个字。小孩儿一见，拍手大叫："对了，对了！"王筠说："我也给你出一个。"接着说道，"一横一横又一横，一竖一竖又一竖。一撇一撇又一撇，一捺一捺又一捺。"

　　小孩儿在地上画来画去也没有画出来，挠挠头说："老夫子，请告诉我吧，我不知道。"

读故事 猜一猜

你知道王筠老夫子说的是哪一个字吗？

答案：森

唐伯虎评牡丹

祝枝山是明代有名的才子，他的家中有一个花园。

有一天，祝枝山邀请了许多朋友来到花园赏花观景，并请前来赏花的人在牡丹丛中各选一株，看谁选的花能被评为花中之魁。众人争得十分热闹，只有唐伯虎静静地站在一边微微发笑。大家知道他是评花高手，就来问他，他微笑着说："百无一是。"大家一听全愣了，心想：这姹紫嫣红的牡丹花中，难道没有一株他看得上眼的吗？祝枝山却哈哈大笑，捋着胡须说："百无一是，百无一是！"大家听了，更加摸不着头脑了。

读故事 猜一猜

聪明的读者，你能帮助这些人解开这个谜吗？

答案：白

刘禹锡的酒令

唐 穆宗长庆二年（公元822年），白居易担任杭州刺史。

一日，元稹、刘禹锡等人聚于白居易的官邸，饮酒赋诗。

刘禹锡酒酣之时，举杯笑曰："我想行个酒令，不知诸位仁兄意下如何？"

才子元稹忙问："你的酒令是否有趣？可不能又

是联诗、填字，老生常谈。"

刘禹锡答道："我今日行的是新令——猜字谜！既新鲜又有趣，还能显示诸位的才智。猜着的请喝酒，猜不着的不许喝酒！"大家含笑点头，欣然应允。

刘禹锡诙谐一笑，随口说出字谜："恶狗咬倒吕洞宾。"

才思敏捷的元稹当即破了此谜。他喝了一杯酒之后，接着也占了一个字谜：

千字不像千，

八字排两边。

有个风流女，

却被鬼来缠。

大家一听，面面相觑，直到太阳西沉也未猜出是个什么字。

读故事猜一猜

你知道刘禹锡和元稹说的是哪两个字吗？

答案：哭，魏

1 在下列括号处填入合适的数字，使诗句完整。

身无彩凤双飞翼，心有灵犀（　）点通。

停车坐爱枫林晚，霜叶红于（　）月花。

谁言寸草心，报得（　）春晖。

人间（　）月芳菲尽，山寺桃花始盛开。

2 移动下面各字中的一部分就可以变成另外一个字，将你的答案写在空白处。

（1）

| 同 | ┄┄ | | 汗 | ┄┄ | | 庆 | ┄┄ | |

| 九 | ┄┄ | | 太 | ┄┄ | | 环 | ┄┄ | |

| 旧 | ┄┄ | | 玉 | ┄┄ | | 丈 | ┄┄ | |

（2）

叶 —— 〇   呆 —— 〇   加 —— 〇

陪 —— 〇   架 —— 〇   员 —— 〇

吞 —— 〇   回 —— 〇   扩 —— 〇

3 根据字面意思找出正确的字，并将它们连起来。

野径无人草自生   梦

松柏后凋知岁末   巩

低头不见抬头见   茎

孤帆半隐江水流   抵

花草掩映独木桥   平

苹果园里无杂草   丛

对人要真心不二   荣

第二章

丰富多彩的成语

没有字的灯谜

猜谜晚会接近尾声了，那些悬挂着的、眼花缭乱的谜语，绝大部分被人们猜中了，最后只剩下三张没有写字的白纸条。主持人说："这三张白纸条，是猜一句成语，看谁能猜中！"

人们立刻围过来，苦思冥想，可谁也答不上来。过了好一会儿，突然一个人走上去，伸手撕下这三张白纸条，转身到领奖处领奖品去了。主持人笑着说："他猜中了。"

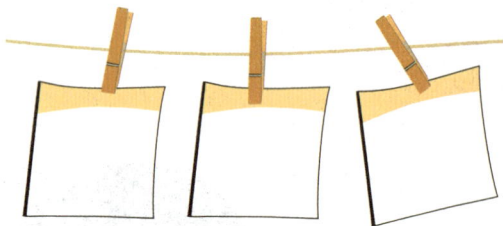

读故事猜一猜

请问这个人猜中的是哪一条成语？

答案：三思（撕）而后行

酒杯里的"蛇"

从前有个叫应郴的县令请主簿杜宣到家里饮酒。厅堂的北墙上挂着一张弓，碰巧当时光线折射，那张弓的影子映在杜宣的酒杯里，就像一条蛇在蠕动。杜宣一见，吓得面如土色，回家后，便一病不起。

应郴得知杜宣的病因后，觉得很纳闷。他坐在杜宣上次坐的位置，摆上一杯酒，果然，杯子里出现了一条小蛇。他仔细观察，发现原来是墙上挂着的一副弓箭的影子。

应郴立刻请来杜宣，让他坐在原来的位置上，指着杯中的"蛇"对他说："那只不过是弓的倒影而已。"杜宣听了他的话，心情顿时放松下来，病也很快痊愈了。

读故事猜一猜

你知道这是哪个成语的典故吗？

答案：杯弓蛇影

傅山的画

傅山，山西人，是明末清初著名画家。

据说，从京师来山西太原府任职的雷太守在临行前老母再三叮嘱他："你从山西回京时，请傅山先生为我画一盆火和一串葡萄。"儿子满口答应了。

雷太守到任不久，便请傅山画了一盆火和一串葡萄，回京时带回了家。雷老夫人十分高兴，但她觉得傅山先生画的一盆火看上去虽然像真的一样，但有火无焰；那串葡萄虽晶莹剔透，但无白霜。于是，她取来笔墨，写了个"关"字，要儿子带给画家。

傅山接过一字评语，连声称道："一语破的！一语破的！"

读故事猜一猜

你知道雷老夫人写的那个"关"字蕴含的成语是什么吗？

答案：美中不足

跳着走的"千里马"

春秋时期秦国人孙阳，相传是我国古代最著名的相马专家，人们叫他伯乐。

他为了让更多的人学会识马，编写了一本《相马经》，作为人们识马的参考。

孙阳的儿子看到父亲的《相马经》上说，千里马的主要特征是高脑门、大眼睛、蹄子像摞起来的酒曲块。于是他也想到外面寻找好马，好试试自己的眼力。

走了不远，他看到一只大癞蛤蟆，忙捉回去告诉父亲说："我找到了一匹好马，和你那本《相马经》上说的差不多，只是蹄子稍差些。"

孙阳看后说："这'马'爱跳，可没办法骑呀！"

读故事猜一猜

这个故事包含的成语比喻做事死守教条而不知变通，也比喻依据一定的线索去寻找事物。你知道是哪个成语吗？

答案：按图索骥

不想家的刘禅

公元263年，魏灭蜀汉，刘禅出降。次年，魏元帝封刘禅为安乐公。

有一天，司马昭问刘禅："你思念蜀国吗？"刘禅说："在这里很快乐，我不思念蜀国。"郤正知道了这事就对刘禅说："如果晋王再问起时，你应该说'先人的坟墓都在蜀地，我没有一天不思念的'。"适逢司马昭再次问他时，刘禅便照着郤正教他的话回答了，说完便装出要哭的样子。司马昭猜到了其中的隐情，就故意说："为何你刚才所说的话，像是郤正的语气呢？"刘禅听了大惊，说道："您的话确实没错。"左右的人都笑了。

读故事 猜一猜

这个故事包含了一个成语，你知道是哪一个成语吗？

答案：乐不思蜀

三个举人惭愧而去

唐朝贞元年间，吉州有三个举人同赴京城参加科考。途中，他们来到一座小村庄，向一位老者讨茶解渴。那老者见是三位赶考的书生，笑道："我问三位一个问题，若能答对，香茗尽管畅饮，否则……"

一举人应道："不才愿洗耳恭听。"

那老者嘻嘻一笑："请先猜猜老朽的姓名。"旋即吟道："有水有田有米，添人添口添丁。"

三个举人面面相觑，抓耳挠腮。

老者见状又咏成语两句："求之不得，不足为凭。"问他们各隐哪个典故。

三举人更是目光茫然，遂惭愧而去。

读故事猜一猜

你知道那位老者的姓名和两句成语中各隐的典故吗？

答案：潘何，刻舟求剑、郑人买履

鹿和马

秦二世时，赵高权倾朝野，他想看看到底有多少人不顺从他。一天上朝，赵高让人牵来一只鹿，说："陛下，臣献给您一匹好马。"秦二世一看，心想：这分明是一只鹿！便笑着对赵高说："丞相搞错了，此乃鹿也！"赵高面不改色地说："请陛下看清楚了，这的确是一匹千里马。"接着又大声说，"陛下如果不信，可以问问诸位大臣。"

一些胆小的人都不敢说话。有些正直的人，坚持认为是鹿。还有一些平时就依附赵高的奸佞之人立刻说："此乃千里马也！"

事后，赵高通过各种手段把那些不顺从自己的正直大臣纷纷治罪，甚至将他们满门抄斩。

读故事猜一猜

这个故事包含了一个成语，你知道是哪个成语吗？

答案：指鹿为马

祝枝山题诗论文章

明朝时有个县令，他将儿子那狗屁不通的文章给祝枝山看，硬要他挥笔题诗。祝枝山推辞不过，只得提笔作书。

写罢，县令一看，是两句唐诗："两个黄鹂鸣翠柳，一行白鹭上青天。"旁边还写着：打两句成语。底下人七嘴八舌地奉承道："上一句是'有声有色'，指公子文章精彩；下一句是'青云直上'，指公子的前途无量。"说得县官晕头转向，乐不可支。祝枝山听后哈哈大笑道："谜底我已写在令郎大作的右下角了。"说罢，拂袖离去。

县令急忙仔细寻找，发现右下角果然有两行小字。一看，气得半晌说不出话来。

读故事猜一猜

你知道是哪两句成语吗？

答案：不知所云、离题万里

分羊与驾车

公元前607年，郑国出兵攻打宋国。宋国情急之下，便任华元为统兵主帅，率领宋军前往战场迎敌。

在两军交战之前，华元便发现郑国军队的士气远远超过他们，华元为了鼓舞士气、稳定军心，于是下令杀羊犒劳各位将士。

他给每位上阵杀敌的将士都分了一份羊肉，唯独在忙乱之中忘记了他的马夫羊斟。羊斟对此耿耿于怀，他心里暗发牢骚：他分明是不把我放在眼里！

两军交战的时候，华元坐在羊斟驾着的战车里，羊斟对华元说："分发羊肉的事你说了算，今天驾驭战车的事，可就得由我说了算了。"说完，他故意把战车赶到了郑军的阵地里去。结果，宋军主帅华元就这样轻易地被郑军活捉了，宋军也因此而惨遭失败。

 读故事 猜一猜

这个故事包含的成语是说，各人按照自己的想法办事，互相之间不协调、不配合。你知道是哪个成语吗？

答案：各自为政

1 请根据下面的图片猜出正确的成语。

脆

水

口快

此此此
此此此此
此此此举

襁申

雪暑

口祸

合匝

2 根据下面的方位词，将成语补充完整。

东　南　西　北　前　后　左　右
上　下　内　外

（　）张（　）望　　　声（　）击（　）

（　）辕（　）辙　　　（　）征（　）战

空（　）绝（　）　　　（　）倨（　）恭

（　）（　）开弓　　　（　）（　）逢源

（　）闻（　）达　　　承（　）启（　）

（　）（　）夹攻　　　（　）圆（　）方

3 请按顺时针方向填写成语，以接通为原则。

```
      吃 俭        其 所        篇 大
深 人        情 达    直 气        志 凌
虚          美 中 不              淡
不    不 泄              智        风
似          计 听        多        而
心    流 云                        易
      名 至        其 副        闻 世
```

4 下面有18个成语，请将其填写完整。

—（　）—（　）　—（　）—（　）　—（　）—（　）

—（　）—（　）　—（　）—（　）　—（　）—（　）

—（　）—（　）　—（　）—（　）　—（　）—（　）

—（　）—（　）　—（　）—（　）　—（　）—（　）

—（　）—（　）　—（　）—（　）　—（　）—（　）

—（　）—（　）　—（　）—（　）　—（　）—（　）

第三章

美轮美奂的诗词

以诗助兴

唐代著名诗人杜甫，因口蜜腹剑的奸臣李林甫耍弄手段，科考连连落第。他三十八岁时靠亲戚朋友的资助，在成都浣花溪畔筑一草堂，靠种草药维生，过着清贫的生活。

一日，当地三位年轻秀才相约前来拜访他，杜甫用自酿的黄酒招待了他们。席间，杜甫为助雅兴，提议以字制谜，联句成诗。

杜甫先云："无风荷叶动。"

秀才甲云："骑牛过板桥。"

秀才乙云："日月分西东。"

秀才丙云："江水往下流。"

杜甫将须大笑："妙哉！妙哉！"

读故事 猜一猜

你知道这四句诗各隐什么字吗？

答案：衡、生、明、汞

才子黄庭坚

黄庭坚是"苏门四学士"之一，聪慧过人，勤奋好学，文采风流。

一年初夏，黄庭坚来到长江岸边的江州（今江西省九江市江洲镇）。当地才子邀黄庭坚同舟共游，观赏水色风光。船离开码头不久，其中一个才子便拱手笑道："久闻大名，如雷贯耳，今日幸会，愿当面领教，以开眼界。"说罢摇头晃脑而吟，"远树两行山倒映，轻舟一叶水横流。"另一个江州诗人接着说道："请问才子，这是个什么字？"

黄庭坚淡淡一笑，取笔写了个字。

众江州才子一看，连连拱手称赞："果然才思敏捷，名不虚传，名不虚传！"

读故事 猜一猜

你知道是什么字吗？

答案：慧

郑板桥与顽童

一日，郑板桥路过一家私塾，一顽童见来者身着布衣，讥讽道："穷汉，你也知圣贤之书吗？"

郑板桥笑曰："略知一二。"

那顽童又问："那你一定会吟诗作赋喽？"

郑板桥诙谐一笑："偶尔作作。"

"那好！"顽童听后，指了指学堂厨房中的一物说，"你以它为题，作一首诗听听。"

郑板桥顺着顽童所指，瞥了一眼，笑道："好吧，你听着。"旋即吟曰：

嘴尖肚大个不高，放在火上受煎熬。

量小不能容万物，二三寸水起波涛。

顽童一听，顿生敬意。

读故事 猜一猜

你知道诗咏何物吗？

答案：水壶

对猜词牌名

宋代大词人柳永出身仕宦之家，却怀才不遇。

一日，柳永与词友设宴聚会。为助酒兴，他提议众人各以词牌名为谜底，制一谜面，并起身先咏："东君负我春三月，我负东君三月春。"

词友甲听后拍手称赞，接曰："孤舟蓑笠翁，独钓寒江雪。"

词友乙雅兴大发，指歌女诙谐续云："盈盈秋水，淡淡春山。"

主人哈哈大笑，说："高朋满座，胜友如云！"

众人齐声喝彩，举杯同饮。

读故事猜一猜

主客所赋，各为一词牌名，你能猜得出来吗？

答案：《字字双》《渔家傲》《眼儿媚》《集贤宾》

没有说破的谜底

年新岁，杭州西湖总宜园举行灯谜盛会，吸引了许多文人墨客。

适逢江南才子徐文长路过园门，只见上面写着：

二人抬头不见天，一女之中半口田；

八王问我田多少，土字上面一千田。

徐文长读罢微微一笑，说："不难，不难。"

文人墨客立刻围上来，说："请讲，请讲。"

徐才子却未道破谜底，只说了句："但愿人间家家如此。"便嬉笑而去。

有个诗人细细品味徐文长的话，顿悟，拍手赞道："不愧为才子，不愧为才子！"

读故事猜一猜

你知道这首诗谜的谜底吗？

答案：夫妻义（義）重

包拯讲故事

包拯世称包公，被百姓唤为"包青天"，中年喜得一子，包氏夫妻对其自是疼爱有加。

一日，包拯给儿子讲古代名人的故事："孔子原是鲁国大贵族手下一名主管仓库的小官吏，他每日守在库房里数着数，画着记号，监督财物出入。后来，齐景公向孔子请教治理国家的办法，孔子回答说：'理在节财。'"

故事讲完后，包拯为了考考儿子，编了四句诗谜：

一宅分成两院，

五男二女当家。

两家打得乱如麻，

打到清明方罢！

并对儿子提示道，"孔老夫子在世之日尚无此物，现在到处可见！"

聪明的儿子并未直接回答父亲的问题，而是天真一笑，也吟诗一首：

古人留下一座桥，一边多来一边少。

少的要比多的多，多的反比少的少。

包拯一听，乐得直捋胡须。

读故事 猜一猜

你知道父子所吟为何物吗？

答案：算盘

雅兴大发的教谕

北宋文学家曾巩，幼时天资聪慧，被人称为神童。一日，曾巩随父前往教谕晁怀德家做客，晁公见他聪明伶俐，甚是喜欢，便留他在家与自己的女儿晁文柔同窗读书。

阳春三月，晁公领着曾巩和女儿去春游，三人沿着蜿蜒曲折、淙淙流淌的桃花溪，顺着那连绵起伏的桃花山漫步而行。那千树万树的桃花竞相开放，鲜红的、艳红的、粉红的，各显姿态，妖艳动人，一树挨

着一树，一朵挨着一朵，就像是九重云天落下了一片绯红的云霞，又像是铺展了一块鲜艳的锦缎。

文思开阔的晁怀德见此美景，顿时雅兴大发，将须而吟："红树青山，斜阳古道；桃花流水，福地洞天！好一处新桃花源！"教谕又灵机一动，吟诗四句考问曾巩和女儿文柔，只听教谕吟道：

头上草帽戴，

帽下有人在，

短刀握在手，

但却人人爱。

曾巩和文柔沉思片刻，便异口同声地道出了谜底，教谕不禁喜笑颜开。

读故事 猜一猜

你知道这四句诗暗射一个什么字吗？

答案：花

罗贯中拜师

元朝至顺四年（1333年），三十七岁的施耐庵因不愿帮权贵欺压百姓，毅然辞去了杭州钱塘县尹的官职，回到了老家苏州。他一面教学谋生，一面根据《大宋宣和遗事》和有关话本、故事写作《水浒传》。

一年春天，有位常来往于苏杭的商人，因久闻施耐庵博学多才，精通诗词文史，特地从家乡山西太原带儿子罗贯中拜师求学。

施耐庵见罗贯中年十四五岁，长得眉清目秀，文质彬彬，但不知是否聪明好学，于是咏词一阕参考《辞海》考之：

云落不因春雨，

吹残岂籍东风。

结成一朵自然红，

费尽工夫怎种？

有蕊难藏粉蝶，

生花不惹游蜂。

夜阑人静画常中，

曾伴玉人春梦。

熟读唐诗宋词的罗贯中岂能不知，他不假思索，拊手笑道："敬禀恩师，待学生也吟诗一句作答。"说罢吟道，"白蛇游过清水塘，一朵莲花开岸上。"

施耐庵一听，赞不绝口，当即收他做了徒弟。

师恩

读故事 猜一猜

你知道二人所咏为何物吗？

答案：油灯

1 读一读下面的古诗，将正确的前后句连起来。

春眠不觉晓，	独怆然而涕下。
两岸猿声啼不住，	夜半钟声到客船。
欲穷千里目，	低头思故乡。
红豆生南国，	万径人踪灭。
千山鸟飞绝，	飞入寻常百姓家。
姑苏城外寒山寺，	西出阳关无故人。
举头望明月，	轻舟已过万重山。
念天地之悠悠，	春来发几枝。
劝君更尽一杯酒，	处处闻啼鸟。
旧时王谢堂前燕，	更上一层楼。

2 根据下面的句子，猜词牌名，试一试吧。

（1）七夕相会（词牌名）_____

（2）霸王娇妻（词牌名）_____

（3）桃花尽日随流水（词牌名）_____

（4）羚羊峡上悬明镜（词牌名）_____

（5）力挽狂澜安大局（词牌名）＿＿＿＿＿＿＿＿

（6）说尽心中无限事（词牌名）＿＿＿＿＿＿＿＿

（7）晚上归来鱼满舱（词牌名）＿＿＿＿＿＿＿＿

（8）入门唯觉一院香（词牌名）＿＿＿＿＿＿＿＿

（9）马蹄无处避残红（词牌名）＿＿＿＿＿＿＿＿

（10）寥廓江天万里霜（词牌名）＿＿＿＿＿＿＿＿

（11）终日琴堂醉未醒（词牌名）＿＿＿＿＿＿＿＿

（12）十年生死两茫茫（词牌名）＿＿＿＿＿＿＿＿

3 宋代诗人秦观写了一首回环诗，共14个字，共有4句，每句7个字，请试着做一下。

第四章

妙不可言的对联

写春联

　　东晋书法家王羲之从山东老家移居到浙江绍兴的那一年，正值年终岁尾，于是王羲之写了一副春联，让家人贴在大门上。对联是："春风春雨春色，新年新岁新景。"

　　不料此联刚一贴出，就被人揭走了。之后，王羲之又提笔写了一副，让家人再贴出去。这副写的是："莺啼北星，燕语南郊。"

谁知天明一看，又被人揭走了。可这天已是除夕，家人非常着急，王羲之想了想，又提笔写了一副，拿剪刀剪去一半，让家人先将上半截张贴于门上："福无双至，祸不单行。"

夜间果然又有人来揭。可那人在月色下一看，见这副对联写得太不吉利，就没有揭走。

初一早晨，天刚亮，王羲之就亲自出门将昨天剪下的下半截分别贴好，此时已有不少人围观，众人看了，齐声喝彩，拍掌称妙。

读故事猜一猜

你知道下半截是什么吗？

答案：今朝至　昨夜行

"怪"对联的含义

8蒙正是宋代洛阳人，家贫，但因文才好，在王宰相的女儿彩楼抛绣球招亲的时候，被这位千金小姐看中，两人结为百年之好，住在寒窑。春节的时候，缺衣无食，他对贫富不均的世道非常愤恨，便别出心裁地写了这样一副对联：

二三四五

六七八九

横额只有两个字：南北。

这副对联一贴出来便招来许多人围观，大家七嘴八舌地议论。等大家领悟了这副"怪"对联的含义后，都夸赞他构思精巧，修辞奇妙。

读故事猜一猜

这幅对联是什么意思呢？

答案：缺衣　少食　没有东西

对对联赢古砚

有一次，在一个宴会上，胡牧亭、纪晓岚都在场。胡牧亭见席间有父子二人，都是乾隆戊子科进士，他灵机一动，出了一个上联：

父戊子，子戊子，父子戊子；

这上联用"父""子""戊"三个字复叠而成，可谓是个奇联。胡牧亭要纪晓岚当场来对，并声称，如果对上，情愿以百金古砚相赠，否则纪晓岚就要给自己一方百金古砚。在场的人也纷纷附和起哄。纪晓岚

没想到胡牧亭来这一手，一时也想不出对句。胡牧亭很得意，催促说："既然纪兄不能对，就该认罚。日后我去府上从你收藏的古砚中挑选一方。"

"且慢，且慢，对句会有的。"纪晓岚一边应付着，一边思索着下联，眼光落在对面的张司徒身上，心中顿时一喜。张司徒是进士出身，点翰林，主持过乡试，他有个门徒，这时也官居司徒，这下联不就有了吗？纪晓岚说道："这下联也在眼前。"众人不解其意。纪晓岚接着说："借张公对下联即可。"随即吟了出来。

在座的人一阵赞叹。胡牧亭只好认输，将他的一方古砚送给了纪晓岚。

读故事 猜一猜

你知道纪晓岚对的下联是什么吗？

答案：师司徒，徒司徒，师徒司徒。全句也是"师""徒""司"三字复叠而成。

晒晒肚子里的书

有一年，京城窦太师到绍兴当主考官。窦太师学问渊博，相传他应殿试时，皇上问他："卿识字几何？"窦回答说："字如牛毛，臣识一腿。"皇上当场试验，果然个个认得。皇上大喜，赐给他"天下无书不读"金牌一块。

窦太师来的那天，徐文长袒腹躺在窦太师要路过的石板路上。窦太师好生奇怪，下轿问其缘故。徐文长大大方方地回答："我想晒晒肚里的万卷诗书。"窦太师见这孩子的口气很大，便出句考他：

南街三学士。

徐文长接口对道：

东郭两军门。

窦太师又出句：

柳线莺梭，织就江南三月景。

徐文长应声对道：

云笺雁字，传来塞北九秋书。

窦太师听了，不禁暗暗叫好。这时，徐文长指着窦太师那面"天下无书不读"的金牌出句，请大人属对：

书有未曾经我读。

窦太师一时无对，很是惭愧，从此再也不炫耀"天下无书不读"的那块金牌了。

读故事 猜一猜

你知道令窦太师无以应对的下联是什么吗？

答案：事无不可对人言

过寿辰的老先生

传说，有一年刘墉陪同乾隆去安州私访，路过柳庄子村，正赶上村里的一位老先生过寿辰。

乾隆让刘墉也送了一份礼，写礼的人问："你们是哪里的人？"刘墉说："京城皇村的。"写礼的人又问："写什么名字？"刘墉想了想说："姓乾名刘。"这时过寿的老先生来了，一看他俩就知道不是一般人物，便热情地邀请他们一同就餐。

吃饭时，老先生说："今天是我的寿辰，活到我这个年龄的不算多。你们都是文人，给我留副对联当纪念吧！"边说边让人准备文房四宝。

乾隆皇帝略略思索了一会儿，提笔

写了上联：

花甲重逢，又增三七岁月。

然后把笔交给刘墉，说："你写下联吧！"刘墉接过笔，马上写出了下联：

古稀双庆，再添一度春秋。

老先生看后非常高兴，连连说："这对联太好了，这对联太好了！"

读故事猜一猜

你知道老先生过的是多少岁的寿辰吗？

答案：141岁。因为花甲是60，重逢是两个60，三七是21，60+60+21=141岁；古稀是70，双庆是两个70，一度春秋是一年，70+70+1=141岁

乾隆皇帝出考题

相传，乾隆皇帝南巡，时值当地举行科举考试，有两位考生名列前茅，主考官难分上下，便将两份答卷呈给皇上定夺。乾隆皇帝命两考生以"烟锁池塘柳"命题续对。甲考生见题大惊失色，惶然而退；乙考生苦思冥想，良久无对，怏怏离去。结果，甲考生被钦点为状元。众皆不解，问其故，乾隆帝得意地说："朕所出题乃绝对，谁人能续？能在瞬间断定者，其才必高！"

当然，这仅是民间传说，其实，这个上联早已有人对出，且有三个对句。

其一，灯垂锦槛波。

其二，烽销极塞鸿。

其三，钟沉台榭灯。

读故事 猜一猜

你知道这个绝对吗？

答案：烟锁池塘柳　炮镇海城楼

于谦对对联

于谦是明代杰出的政治家、军事家和诗人，也是我国历史上一位有名的忠臣，他自幼聪明好学，曾被巡按选为"博士弟子员"。

于谦十四岁那年去杭州应试，主考官名叫虞谦。考前点名时，为避主考大人名讳，于谦躬身站起却不应答。虞谦觉得有趣，出了个上联：

何无忌，魏无忌，长孙无忌，彼无忌，尔亦无忌。

联中列举出古代三个同名的"无忌"，意在提示于谦不必忌讳。于谦听了，恭敬地对了个下联，将自己的谦诚之意表达无遗。主考官听了赞不绝口。

读故事猜一猜

你知道下联是什么吗？

答案：张相如，蔺相如，司马相如，名相如，实不相如。对句也列出古代三个同名的"相如"，表示自己不敢与宗师相比。

❶ 请将下面的字组成与上联相配的下联。

（1） 伶 佳 人 俊 伴 俏 仃

上联：寂寞寒窗空守寡　　　　下联：＿＿＿＿＿＿＿＿

（2） 雪 为 青 白 山 不 原 老 头

上联：绿水本无忧，因风皱面　　下联：＿＿＿＿＿＿＿＿

（3） 猫 动 毛 角 伏 风 猫 未 吹 动 墙

上联：鹰立树梢月照斜影鹰不斜　下联：＿＿＿＿＿＿＿＿

❷ 改写对联。

　　一个不得人心的地主，给自己的儿子买了官，想炫耀一下，就在大门口贴了一副对联：

父进士子进士父子皆进士

婆夫人媳夫人婆媳均夫人

　　可是，刚过了一个晚上，就被人给改了，地主一看当场气晕了。

　　你知道怎么改的吗？请直接在下面的表格中改一下吧。

3 请认真读下面的对联，将对联补充完整。

书到　逆水行舟　天资聪颖　思　做题难

生性懒惰　勤　身体好　学富　平原野马

（1）上联：＿＿＿＿＿＿＿，学习好，品质更须好

　　　下联：＿＿＿＿＿＿＿，练字难，用功都不难

（2）上联：学如＿＿＿＿＿＿，不进则退

　　　下联：心似＿＿＿＿＿＿，易放难收

（3）上联：＿＿＿＿＿＿＿慧根尚在

　　　下联：＿＿＿＿＿＿＿才智枉存

（4）上联：＿＿＿＿＿＿＿用时方恨少

　　　下联：＿＿＿＿＿＿＿五车不为多

（5）上联：业精于＿＿＿＿＿＿，荒于嬉

　　　下联：行成于＿＿＿＿＿＿，毁于随

第五章

高深莫测的谜语

墨客的赠品

宋 朝仁宗年间，有位正直清廉的官员名叫张升，曾任御史中丞和参知政事。

张升告老还乡后，过着世外桃源般的闲适生活。

张升八十岁的时候，当地文人墨客和亲朋好友来为他祝寿。一位书法家亲笔写了一个斗大的字送给这位老寿星，老寿星边看边念："王司徒走去说亲，吕布将高兴十分；貂蝉女横目一笑，董丞相怀恨在心。这个字好！好！好！"

另一位丹青妙手也呈上自己的贺礼，老寿星又云："竖划三寸，当千仞之高；横墨数尺，体百里之回。妙！妙！妙！"

于是，相互击杯而饮，笑声满堂。

 读故事 猜一猜

你知道二人的赠品各是什么吗？

答案："德"字，山水画

李清照猜谜

一天，李清照与丈夫赵明诚正在家中研究古籍，忽来一位女友，说是要借一件用具。李清照问她要借什么，女友指了指窗外笑吟道：

我借一朵花，要能闭来又能发。

不知花叶在何方，却见花根手中拿。

李清照听了，随口答道：

我去拿座亭，没安窗和门。

水在亭上流，人在亭下行。

赵明诚不明白妻子同女友打的什么谜，待妻子把用具拿出来后他才恍然大悟。

读故事猜一猜

你知道她们说的是什么用具吗？

答案：伞

天资聪慧的李太白

唐代著名诗人李白，十岁便能吟诗作对。一年初春，有位学者前来拜访李白的父亲，不巧未遇。李白礼貌相待，恭敬叩问："敢问贤翁尊姓大名，以便转告家父。"

那银须如雪的学者眯眼笑道："我号东岩子，平生爱养奇禽异鸟。本姓'人有偷'，名曰'鸟落山头不见脚'。"

天资聪慧的李白只细想了片刻，便拱手回答道："我知道了，一定向家父禀报。"并当即说出了那个隐士的姓名。

老人一听，惊赞李白的聪明颖悟，拍着他的头连说："童才可喜，童慧可贺。"

读故事猜一猜

你能猜出那位学者的姓名吗？

答案：俞岛

巧送礼物

白居易在杭州担任刺史一个月后，听说有姓肖和姓殷的两位协律郎还寄宿在城外山寺之中，在这"北风吹沙雪纷纷"的严冬里，竟然"天寒身上犹衣葛，日高甑中未拂尘"，忍受着饥寒的折磨。对此，白居易深感惭愧和不安，立即叫人准备了两件大衣和一些酒食，从自家书房取出一盒精巧玲珑之物，并在上面附了首小诗：

两国打仗，兵强马壮。

马不吃草，兵不征粮。

写毕，白居易派人冒雪送往山寺。二位协律郎一见大喜，连忙穿上厚厚的棉大衣，边吃边乐呵呵地摆开阵势，相互"斗"了起来。

读故事 猜一猜

你知道白居易送给他们的是什么吗？

答案：象棋

聪明的书童

冯梦龙喜欢读书但不热衷于功名利禄，视高官显宦如浮云流水，视荣华富贵为过眼云烟，文字倜傥而大胆，且诙谐风趣。

一天，有位姓李的雅士前来找他品评诗赋文章，时值桃花杏花吐艳含丹，冯梦龙笑云："老兄，常言道'桃李杏春风一家'，何不同我去后花园会会你的本家？"说罢，挽起李雅士出了客厅，就往后花园而去。

冯梦龙走着走着，忽然传贴身书童近前，说："敏儿，快代我取件东西送到后花园来。"

那名叫敏儿的书童拱手叩问："大人要小人取何物送往花园？"

冯梦龙嘻嘻一笑，说："你听着！"接着说了四句：

有面无口，有脚无手。

又好吃肉，又好喝酒。

敏儿是个聪明孩子，马上就取了送去。

读故事 猜一猜

你知道书童送往后花园的是什么东西吗？

答案：桌子

识破密信

一日，公安局侦察员小王在城郊公园发现一个形迹可疑的人，只见那人鬼鬼祟祟地把一个小东西放进一棵老榕树的树洞里。那人走后，小王迅速上前搜查，结果从树洞里搜查出一个小纸团，打开一看，只见上面写着：

日月同光，牛不出头，宋字无顶，校对一半，空中飞人，一人一口。

他迅速记下了这几句话，又把纸团放回原处。经过再三琢磨，小王终于识破了这封密信，立即向领导汇报。接着局里做了周密部署，第二天，六名走私犯全部落网。

读故事猜一猜

你知道这封信是什么意思吗？

答案：明午李村会合

1 下面的谜语非常简单，只要你细心地观察生活，相信一定能猜出来。赶快来大显身手吧。

（1）三足大怪物，牙齿几十颗，

　　　肚里吞钢丝，嘴里会唱歌。

（2）受到吹捧就自大，没人吹捧就疲沓，

　　　外表看来圆又壮，遇到打击就爆炸。

（3）一位老师不开口，肚里学问样样有，

　　　谁要有事请教它，还得自己去动手。

（4）不是西瓜不是蛋，用手一拨会打转，

　　　别看它的个儿小，能载海洋和高山。

（5）一物不太大，走路头朝下，

　　　不吃人间粮，能说天下话。

谜底　（1）＿＿＿＿　（2）＿＿＿＿　（3）＿＿＿＿

　　　　（4）＿＿＿＿　（5）＿＿＿＿

2 棋类游戏有很多，猜猜下面的谜底中都有哪些棋类游戏吧。

（1）会吃没有嘴，会走没有腿，

　　　过河没有水，败了没有罪。

（2）一张图，六个角，三群小猴来赛跑，

有的走来有的跳，比比赛赛谁先到。

（3）四四方方一座城，驻着黑红两队兵，

司令率部打冲锋，军旗插在大本营。

（4）四四方方一星盘，有黑有白互相连，

开开心心来娱乐，黑白分明各半边。

（5）兄弟几十个，分成几面坐，

你来我又往，爱从头顶过。

谜底 （1）＿＿＿＿ （2）＿＿＿＿ （3）＿＿＿＿

（4）＿＿＿＿ （5）＿＿＿＿

③ 除了鲜花，生活中还会有其他也被称为花的，你知道下面是什么花吗？

 什么花空中开？

 什么花走着开？

 什么花飘着开？

 什么花火中开？

 什么花人人夸？

第六章

朗朗上口的歇后语

比赛画蛇

楚国有个管理祠堂的官员，想把一壶祭祀用过的酒赏给手下的人喝。但是酒少人多，只够给一个人喝，可给谁喝呢？

这时有人提议，众人各画一条蛇，先画完蛇的人可独自享用那壶酒。其中一个人很快把蛇画好了，他把酒壶拿过来，准备喝个痛快。但为了显示他的高明，他又在已经画好的蛇身上添了四只脚。这时，另一个人也画好了蛇，一把夺过酒壶说："蛇是没有脚的，有脚的不是蛇，我是第一个画完的，这壶酒理应归我。"说完，理直气壮地把酒喝掉了。

这个故事后来演变出了一个歇后语，被人们广为流传。

读故事猜一猜

你知道这个歇后语是什么吗？

答案：画蛇添足——多此一举

攻打虢国

春秋时期，晋献公想派兵攻打虢国。可是讨伐虢国必须经过虞国。晋国大夫荀息献计说："虞国国君是个目光短浅的人，只要我们送他价值连城的美玉和宝马，他不会不答应借道。"晋献公一听有点儿舍不得，荀息看出了晋献公的心思，就说："虞虢两国是唇齿相依的近邻，虢国灭了，虞国也不能独存，您的美玉、宝马只是暂时存放在虞公那里。"晋献公听罢，就采纳了荀息的计策。

　　虞公见到这么珍贵的礼物，当场就答应借道。虞国大夫宫之奇阻止道："虞国和虢国相互依存，万一虢国灭了，我们虞国也就难保了，不能借道给晋国呀！"虞公说："晋国是大国，现在特意送来厚礼，难道咱们借条道让他们走走都不行吗？"宫之奇连声叹气，知道虞国灭亡的日子不远了，就带着一家人离开了虞国。果然，晋国消灭了虢国，随后又灭了虞国。

　　这个故事后来演变出了一个歇后语，被人们广为流传。

读故事 猜一猜

你知道这个歇后语是什么吗？

答案：晋国借道攻虢国——唇亡齿寒

草木皆兵

公元383年，苻坚率兵攻打晋朝。晋军大将谢石、谢玄领八万兵马前去抵抗。苻坚得知晋军兵力不足，想以多胜少，于是迅速出击。谁料，他的先锋部队被晋军击败，损失惨重。苻坚和弟弟苻融查看晋军营帐，见对面军容整齐，阵容强大，尤其是八公山上，似乎满山都是晋军。原来，苻坚心慌意乱，把山上的草木都当成了晋军。

苻坚令部队靠淝水北岸布阵，企图凭借地理优势扭转战局。晋军将领谢玄提出，要秦军稍往后退，让出一点儿地方，以便渡河作战。苻坚接受了晋军的请求。谁知，后退的军令一下，秦军便如潮水一般溃不成军，而晋军则趁势渡河追击。结果，秦军一败涂地。

这个故事后来演变出了一个歇后语，被人们广为流传。

读故事猜一猜

你知道这个歇后语是什么吗？

答案：苻坚望见八公山——草木皆兵

叶公与龙

春秋时，楚国有个人叫叶公。他爱龙成癖。天上的真龙听说人间有这么一位叶公对自己如此喜爱，便决定亲自到叶公家里拜访。

这天，叶公正在午睡，突然电闪雷鸣，风雨大作，把正在熟睡的叶公惊醒了。叶公睁开双眼，只见一条真龙从窗口伸进头来，叶公吓得魂飞魄散，急忙向里屋逃窜。逃进里屋，他又看见一条硕大无比的龙尾巴横在面前，挡住了去路。叶公吓得面如土色，一头钻进床底下，半天不敢出来。

真龙见叶公吓得半死不活，感到莫名其妙，只能扫兴地飞回天上去了。

这个故事后来演变出了一个歇后语，被人们广为流传。

读故事猜一猜

你知道这个歇后语是什么吗？

答案：叶公好龙——口是心非

东郭先生与狼

一天，东郭先生赶着毛驴在路上走。忽然，从旁边树林里跑来一只狼向他求救，还说一定会报答他。东郭先生见它可怜，便把它装进口袋。

猎人追来了，问东郭先生有没有见到一只狼，东郭先生说没有看见。猎人走了，东郭先生把狼从口袋里放出来。可是狼出袋子后不但不感谢东郭先生，还张牙舞爪地向他扑去。

正在危急时刻，走来了一个老农。东郭先生和狼都向老农讲理由。老农都不信，要让东郭先生重新把狼往口袋里装一次。狼同意了，东郭先生把狼装进了口袋，老农抢起锄头把狼打死了。

这个故事后来演变出了一个歇后语，被人们广为流传。

读故事 猜一猜

你知道这个歇后语是什么吗？

答案：东郭先生救狼——自找苦吃

刘备娶妻

公元208年，刘备占领了荆州，他的实力逐渐壮大。后来，东吴国主孙权因没能成功讨回借给刘备的荆州，便采用大将周瑜的计谋，骗刘备到东吴来娶自己的妹妹为妻，想乘机把他扣下当人质，借以讨回荆州。

这一妙计却被诸葛亮识破，在刘备临行时，留守在根据地的诸葛亮给负责护卫刘备的大将赵云一个锦囊，叫他在适当的时候打开，照其中写的妙计行事。

一行人到了东吴的都城，赵云打开锦囊，按照计策，他让军士大力采办婚礼所需要的物品，使全城老少都知道刘备已来娶亲。

消息传到吴国太耳中，她即刻去见刘备，看到刘备面方耳大，猿臂过膝，一副天子相，甚合心意，大为喜悦，故允许将女儿尚

香嫁给刘备。

　　孙权见此事已是人尽皆知，只好把妹妹嫁给了刘备。婚后，刘备夫妇十分恩爱。

　　这个故事后来演变出了一个歇后语，被人们广为流传。

读故事 猜一猜

你知道这个歇后语是什么吗？

答案：东吴招亲——弄假成真

语文知识天地

1 请根据歇后语的前半句，填出后半句。

（1）楚霸王举鼎——＿＿＿＿＿＿＿＿＿＿＿＿＿＿

（2）周瑜打黄盖——＿＿＿＿＿＿＿＿＿＿＿＿＿＿

（3）关公面前耍大刀——＿＿＿＿＿＿＿＿＿＿＿＿

（4）六耳猕猴充大圣——＿＿＿＿＿＿＿＿＿＿＿＿

（5）卢俊义上梁山——＿＿＿＿＿＿＿＿＿＿＿＿＿

（6）卢沟桥的狮子——＿＿＿＿＿＿＿＿＿＿＿＿＿

（7）鲁智深出家——＿＿＿＿＿＿＿＿＿＿＿＿＿＿

（8）鲁肃上了孔明船——＿＿＿＿＿＿＿＿＿＿＿＿

（9）刘备借荆州——＿＿＿＿＿＿＿＿＿＿＿＿＿＿

（10）中山狼出了书袋——＿＿＿＿＿＿＿＿＿＿＿

（11）牛郎约织女——＿＿＿＿＿＿＿＿＿＿＿＿＿

（12）华佗行医——＿＿＿＿＿＿＿＿＿＿＿＿＿＿

2 将下列词语填到空白处。

> 蚂蚱　苍蝇　萤火虫　凤凰　驴　耗子
> 鳄鱼　王八　屎壳郎　蚂蚁　马　鸡

（1）鞋子里跑＿＿＿＿＿——没几步

（2）竹林里的＿＿＿＿＿—— 有翅难飞

72

（3）_____爬到树梢上——自高自大

（4）_____吃秤砣——铁了心

（5）_____戴花——臭美

（6）骑_____看唱本——走着瞧

（7）_____的屁股——没多大亮（量）

（8）_____飞进花园里——装蜂（疯）

（9）秤砣掉在_____窝里——捣蛋

（10）秋后的_____——蹦跶不了几天

（11）热锅上的_____——急得团团转

（12）_____的眼泪——假慈悲

③ **找出下列歇后语中的谐音字，并填到括号中。**

（1）朝天放炮——空响（　　）

（2）晁盖的军师——吴（　　）用

（3）炒咸菜不放盐——有盐（　　）在先

（4）吃个馒头就饱——没肚（　　）量

（5）从河南到湖南——南（　　）上加南（　　）

（6）电灯泡上点烟——其实不燃（　　）

（7）掉下井的秤砣——浮（　　）不上来

（8）顶梁柱当柴烧——屈柴（　　）

（9）肚子里开轮船——内航（　　）

（10）耕地里甩鞭子——催（　　）牛

答案

第一章

1. 一　二　三　四
2. （1）同（回）　汗（江）
　　庆（厌）
　　九（几）　太（犬）
　　环（坏）
　　旧（旦）　玉（主）
　　丈（大）
　（2）叶（古）　呆（杏）
　　加（另）
　　陪（部）　架（枷）
　　员（呗）
　　吞（吴）　回（吕）
　　圹（庄）
3. 野径无人草自生——茎
　　松柏后凋知岁末——梦
　　低头不见抬头见——抵
　　孤帆半隐江水流——巩
　　花草掩映独木桥——荣
　　苹果园里无杂草——平
　　对人要真心不二——丛

第二章

1. 脱口而出　入木三分　心直
　　口快　多此一举　貌合神离
　　雪中送炭　祸从口出　里应
　　外合
2. 东张西望　声东击西　南辕
　　北辙　南征北战　空前绝后
　　前倨后恭　左右开弓　左右
　　逢源　上闻下达　承上启下
　　内外夹攻　外圆内方
3. 美中不足→足智多谋→谋听
　　计行→行云流水→水泄不通
　　→通情达理→理直气壮→壮
　　志凌云→云淡风轻→轻而易
　　举→举世闻名→名副其实→
　　实至名归→归心似箭→箭不
　　虚发→发人深省→省吃俭用
　　→用其所长→长篇大论
4. 一手一足　一模一样　一心
　　一德　一心一意　一五一十
　　一丝一毫　一朝一夕　一字

一板　一张一弛　一生一世
一点一滴　一举一动　一草
一木　一唱一和　一颦一笑
一前一后　一针一线　一饮
一啄

（11）如梦令（12）长相思

3.赏花归去马如飞，

　去马如飞酒力微。

　酒力微醒时已暮，

　醒时已暮赏花归。

第三章

1.春眠不觉晓，处处闻啼鸟。

两岸猿声啼不住，轻舟已过
万重山。

欲穷千里目，更上一层楼。

红豆生南国，春来发几枝。

千山鸟飞绝，万径人踪灭。

姑苏城外寒山寺，夜半钟声
到客船。

举头望明月，低头思故乡。

念天地之悠悠，独怆然而涕下。

劝君更尽一杯酒，西出阳关
无故人。

旧时王谢堂前燕，飞入寻常
百姓家。

2.（1）鹊桥仙（2）虞美人

　（3）满江红（4）西江月

　（5）定风波（6）诉衷情

　（7）渔家傲（8）满庭芳

　（9）满路花（10）广寒秋

第四章

1.（1）俊俏佳人伴伶仃

　（2）青山原不老，为雪白头

　（3）猫伏墙角风吹毛动猫
　　未动

2.父进土子进土父子皆进土
　婆失人媳失人婆媳均失人

3.（1）身体好　做题难

　（2）逆水行舟　平原野马

　（3）天资聪颖　生性懒惰

　（4）书到　学富

　（5）勤　思

第五章

1.（1）钢琴　（2）气球

　（3）字典　（4）地球仪

　（5）笔

2.（1）象棋　（2）三人跳棋

　（3）军棋　（4）围棋

　（5）跳棋

3. 烟花、浪花、雪花、火花、
光荣花

第六章

1.（1）力大无穷　（2）一个
愿打一个愿挨　（3）不自
量力　（4）冒牌货
（5）不请自来　（6）数不
清　（7）无牵挂　（8）糊
里糊涂　（9）有借无还
（10）凶相毕露
（11）后会有期

（12）名不虚传

2.（1）马　　（2）凤凰
（3）耗子　（4）王八
（5）屎壳郎　（6）驴
（7）萤火虫　（8）苍蝇
（9）鸡　　（10）蚂蚱
（11）蚂蚁　（12）鳄鱼

3.（1）想　　（2）无
（3）言　　（4）度
（5）难　难　（6）然
（7）扶　　（8）才
（9）行　　（10）吹